# INONDATION DE 1856

## DANS LA VALLÉE DE LA LOIRE.

# INONDATION

## DE 1856

## DANS LA VALLÉE DE LA LOIRE,

### J.-B. COULON et L. AUCHÉ.

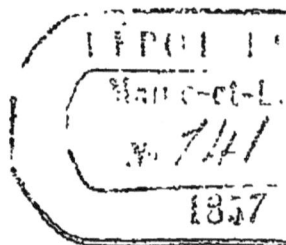

## SAUMUR

IMPRIMERIE DE P. GODET, PLACE DU MARCHÉ-NOIR.

—

1857.

A SON EXCELLENCE

# M. LE MINISTRE DE L'AGRICULTURE,
# DU COMMERCE ET DES TRAVAUX
# PUBLICS.

MONSIEUR LE MINISTRE ,

Lorsque la Providence avertit un grand peuple, au milieu de sa gloire et de ses richesses, par un de ces coups imprévus et terribles destinés à lui rappeler qu'une main plus haute que celle de l'homme ouvre ou ferme à son gré la source de sa prospérité ; quand une de ces immenses calamités, dont le souvenir se grave, comme une leçon divine, dans le souvenir des générations, vient lui apprendre ce qu'est un fléau de Dieu, ce peuple, si grand qu'il soit, doit comprendre qu'il a toujours besoin de la charité et du dévoûment, et il ne peut oublier sans crime, dans l'enivrement même de sa grandeur, ces vertus fondamentales, bases immortelles de toute société chrétienne.

Jamais ces admirables vertus n'ont brillé d'un plus merveilleux éclat que dans les jours à jamais néfastes de juin 1856 ; et nous, qui en avons été les heureux témoins, nous croyons pouvoir dire, avec la conscience du devoir accompli : Le Dieu qui nous protége a été content de la France !

L'écrivain qui essaie de les raconter, ne peut-il espérer, Monsieur le Ministre, d'avoir fait une œuvre utile à son pays, et être assuré qu'on ne lui demandera pas son nom ?

La douloureuse chronique, que nous avons l'honneur de vous dédier, comme vous appartenant plus spécialement, ne se recommande sans doute que par sa valeur intrinsèque et son intérêt propre : tant mieux pour l'auteur, puisque cette certitude lui donne l'avantage de se croire dégagé de toute préoccupation personnelle.

Veuillez l'agréer, Monsieur le Ministre, si la pensée honnête et loyale qui l'a inspirée, mérite cet honneur, et si nous avons obéi au sentiment de l'équité, de la conciliation et du devoir.

*Saumur, ce 5 mars* 1857.

J.-B. COULON.   L. AUCHÉ.

# INONDATION

## DE 1856

## DANS LA VALLÉE DE LA LOIRE.

D'autres écriront l'histoire du grand désastre qui porta la désolation et la ruine, du Rhône à la Loire, dans les plus riches contrées de la France. Pour nous, placés sur un des points de cette lugubre scène, où les hommes et les éléments ont joué le plus lamentable drame, nous croyons obéir à un devoir en disant ce que nous avons vu, ce que nous avons recueilli de la bouche même des acteurs, ou ce que nous en ont appris les bienveillantes communications des hommes à qui leurs fonctions imposaient, dans ces terribles circonstances, la redoutable responsabilité des évènements.

Déjà l'on a publié, sur divers épisodes qui appartiennent à notre sujet, des notices pleines d'intérêt, qui se recommandent surtout par leur caractère d'actualité et d'inspiration spontanée au milieu même des péripéties émouvantes de cette immense catastrophe. Elles ont été lues par nos populations, lorsqu'elles frémissaient encore sous les angoisses de la terreur ou sous les douloureuses impressions de la pitié. C'était trop tôt pour l'historien : qu'on nous pardonne cette expression que nous n'avons point la prétention de nous appliquer, mais dont nous ne nous servons que parce qu'elle rend notre pensée. Nous avons voulu écrire une monographie qui pût, un jour, prendre rang parmi les documents de l'histoire de notre pays.

Aujourd'hui, qu'un sol généreux a fait disparaître presque partout les traces du fléau, et que nos riverains peuvent de sang-froid en calculer l'étendue, sous l'exacte appréciation des faits ; lorsque l'écrivain ne sent plus la plume trembler sous ses doigts, nous entreprenons d'esquisser un coin de ce sombre tableau avec autant d'exactitude que nous le permettront les documents que nous avons pu réunir.

Si quelque nom honorable était omis dans notre récit, nous supplions le lecteur de ne point imputer cette omission à un oubli calculé, mais seulement à l'insuffisance des renseignements dont nous avons disposé.

# COUP-D'ŒIL SUR LA TOPOGRAPHIE DE LA HAUTE VALLÉE.

La Loire, dans l'arrondissement de Chinon, coule, resserrée entre deux digues. Sur la rive droite, son cours est maintenu par la levée proprement dite, qui défend une des plus opulentes vallées du monde. Cette belle chaussée, de 260 kilomètres de longueur, est une des plus étonnantes créations du génie et de la persévérance de nos pères. Elle a environ neuf mètres de largeur à son couronnement, vingt-sept mètres, en moyenne, à sa base, et de six à sept mètres de hauteur. Une banquette la protége, du côté de la Loire, dans sa plus grande étendue. Sur la rive gauche, on a construit la digue appelée levée du Bréhémont (1). Elle commence au barrage du vieux Cher, et vient se terminer un peu au-dessus de l'embouchure de l'Indre en Loire, à cinq cents mètres de Port-Boulet, près du riche hameau de Nemans. Cette digue a huit mètres de largeur à son couronnement, jusqu'à Ussé, et trois mètres seulement, depuis Ussé jusqu'à l'embouchure de l'Indre.

A partir de ce point, la Loire n'a plus de digues sur la rive gauche, et le val compris entre la Vienne et la

_____

(1) Elle prend le nom de levée du Bois-Chétif, à Ussé ; sa largeur n'est plus que de trois mètres sur la voie, sa base, de dix-huit mètres, et sa hauteur, au-dessus de l'étiage, de six mètres et demi.

Loire est envahi périodiquement par les crues du fleuve et de cet affluent.

On a construit, à Port-Boulet, un pont suspendu, d'une hardiesse remarquable, dont les culées s'appuient à deux routes ou chaussées suivant l'axe du pont. Celle de la rive gauche ouvre la route de Chinon, et celle de la rive droite, après s'être reliée d'abord à la grande levée de la Loire, s'abaisse progressivement et ne s'élève plus guère qu'à un mètre au-dessus de la vallée qu'elle traverse dans sa largeur : c'est la route de Bourgueil.

Ces détails topographiques que nous avons craint de développer, ne seront pas inutiles, pour l'intelligence de notre narration, aux lecteurs étrangers à la haute vallée.

## PREMIÈRES INONDATIONS DE LA VALLÉE, RIVE GAUCHE.

Dans le court espace de cinquante jours, la Loire et ses affluents subirent quatre crues successives, du 5 mai au 22 juin : la dernière eut lieu, après tous nos désastres, pendant les réparations mêmes de nos chaussées. Elles arrivèrent à l'époque de l'année, où les inondations causent le plus de ravages en détruisant les récoltes de toute espèce. Les dévastations causées par les débordements sont alors irréparables, parce que les terres ne peuvent recevoir, dans cette saison, que des semences de produits secondaires et de peu de valeur. Cependant nous dirons comment, par des travaux rapides et intelligents, nos cultivateurs purent atténuer, en partie du moins, les effets du fléau.

La première crue fut celle du 3 mai, qui atteignit 4 m. 42. Elle fut, à peu près, inoffensive.

La deuxième, du 15 mai, donna, à son maximum d'élévation, 5 m. 21 (1). Dans cette crue du 15 mai, la Loire s'ouvrit une brèche dans la digue de la rive gauche, un peu au-dessus de la Vue d'Ussé, sur une largeur de deux cents mètres ; sa plus grande profondeur était de six mètres soixante-dix centimètres. Tout le val, rive gauche, fut inondé, jusqu'à Port-Boulet ; les eaux de la Loire et de l'Indre étaient confondues. Les terres du Bréhémont n'eurent point à souffrir dans cette inondation, car, se trouvant en amont d'Ussé, de six kilomètres, elles étaient de plus préservées par la levée du vieux Cher ; mais, au-dessous de Port-Boulet, Savigny fut dévasté par le double débordement de la Vienne et de la Loire. La récolte fut détruite, et on ensemença de nouveau, dans la persuasion où l'on était de la cessation du fléau. L'inondation du mois de juin devait ruiner les espérances des cultivateurs de cette vallée.

(1) Nous présentons ici les chiffres des cotes d'eau prises à Port-Boulet.

Cette troisième inondation ne tarda pas à s'annoncer par les phénomènes atmosphériques les plus
menaçants. Des pluies torrentielles et continues, sem-
blables à celles des régions intertropicales, semblaient
présager un nouveau déluge. Le préfet de la Nièvre en
avait informé, par dépêches télégraphiques, les
préfets des départements que traverse la Loire. Ils
devaient préparer tous leurs riverains à une nouvelle
crue, formidable, sans égale, qui dépasserait énor-
mément la dernière. Ces dépêches furent transmises
dans la haute vallée par MM. les employés des ponts-
et-chaussées, concurremment avec MM. les ingénieurs
Ratel et Faye, attachés au service du chemin de
fer. Tout leur personnel, de concert avec celui du
service spécial de la Loire, se porta sur les communes riveraines, fit un appel énergique aux habitants, éclaira les administrations locales sur les
dangers de la situation et prépara la défense des
levées. Si leur zèle et leur courage furent vaincus, ils
n'en restèrent pas moins, durant toutes les périodes
de cette lutte terrible, au-dessus de tout éloge.

Dès le dimanche 1er juin, les eaux atteignaient, à
six heures du soir, 4 m.; à minuit, 4 m. 21.

Le lundi, à six heures du matin, les eaux avaient
dépassé le niveau de la première crue. Arrivées à
4 m. 43, elles montaient de 0 m. 04 c. à l'heure.

Les populations de la vallée de la Loire, en obser-
vation depuis deux jours, commencèrent à s'inquiéter,

et, dès lors, restèrent, jour et nuit, sur pied, travaillant avec ardeur à élever les digues, à soutenir les banquettes, à fortifier les points faibles.

Déjà, cependant, la Loire, confondant ses eaux avec celles de l'Indre, comme au 15 mai, avait submergé les communes d'Huismes et d'Avoine, et, plus bas, opérant sa jonction avec la Vienne, inondait, pour la seconde fois, la plaine de Savigny, en aval de Port-Boulet. Le pont de Port-Boulet et sa chaussée de Chinon étaient entre deux mers.

## RUPTURES SUR LA RIVE DROITE. CINQ-MARS. LANGEAIS.

Le mardi 3 juin, la Loire croissait de 0 m. 05 à 0 m. 06 à l'heure. Les travailleurs de la rive droite, ne se trouvant plus en force, firent sonner le tocsin pour appeler le secours des communes environnantes.

Ici nous devons signaler la mâle énergie de MM. Dusoullier qui, à cheval, jour et nuit, parcoururent toutes les communes du val du nord, qu'ils traversèrent plusieurs fois malgré les torrents, au milieu des ténèbres, appelant tous les dévoùments et donnant le plus brillant exemple du désintéressement et du courage. Dans ces courses périlleuses, M. Dusoullier fils épuisa la vigueur de trois chevaux qu'il montait tour à tour.

Des masses accoururent de toutes parts et se partagèrent les points où le danger était le plus pressant.

L'administration du chemin de fer, à qui revient une si large part de généreuse initiative, dans ces jours néfastes, avait envoyé à Saumur cent quatre-vingt-quinze Bretons. M. Faye les répartit, suivant l'urgence du moment, de Saumur aux Rosiers, et soixante se portèrent sur la Chapelle-sur-Loire, sous la direction de M. Bouffard, conducteur de travaux. Harassés d'une longue marche, épuisés de fatigue, ces travailleurs auxiliaires furent transportés en charrettes par les habitants de Chouzé jusqu'à leur destination.

Cependant, de 5 à 11 heures du matin, on avait remarqué de l'irrégularité, du ralentissement même dans la crue du fleuve. Le Cher, qui, le 2 juin, croissait de 0 m. 40 c. à l'heure, ne grossissait plus d'une manière appréciable. Sa ligne d'eau étant inférieure à celle de la Loire, ce fleuve refluait dans le lit du Cher et avait suspendu le progrès de sa crue. Cette baisse accidentelle était due aux ruptures qui s'étaient pratiquées presque simultanément dans les chaussées supérieures de la rive droite et de la rive gauche (1). La levée s'était rompue, à Cinq-Mars, sur une largeur de quatre-vingt-cinq mètres et

(1) Nous supposons, en ce moment, le lecteur placé à la hauteur de la Chapelle.

une profondeur moyenne de six mètres trente-cinq centimètres, au lieu dit la Varenne. La vallée, de Cinq-Mars à Langeais, fut inondée dans une largeur de deux kilomètres sur quatre kilomètres de longueur. Un grand nombre de digues transversales furent également rompues dans cette vallée : la brèche la plus considérable fut celle de Bois-le-Comte. La moitié d'une maison, une grange et des murs de clôture furent emportés. Dans Langeais, le flot monta jusqu'au haut de la grande place. Les habitants, qui avaient éprouvé le même malheur en 1843 et en 1846, s'étaient empressés de transporter leurs meubles et leurs effets précieux hors de l'atteinte des eaux. Après avoir rempli rapidement le petit bassin de Langeais et renversé une habitation, la Loire s'était précipitée avec une violence extrême sur la grande levée pour reprendre son cours ; elle avait dévasté en passant la fabrique de MM. Sertier et Lebert, avait ruiné trois maisons et était rentrée dans son lit, par plusieurs brèches, sur une étendue de deux cents mètres. Ce premier désastre était le prélude de tous nos malheurs de la rive droite.

L'irruption des eaux dans le bassin de Langeais ne doit être attribuée ni à l'incurie ni à l'imprévoyance. Si des fautes furent commises sur d'autres points, là, nous devons le reconnaître, les citoyens et les administrations ne manquèrent ni au courage ni aux promptes décisions que réclament les grandes circonstances. Quelque hésitation s'était manifestée d'a-

bord, il est vrai ; mais, au premier appel de la générale, plus de deux cents volontaires s'étaient mis à la
disposition de M. Boilesve, maire de Langeais, et de M.
Chabelard, conducteur des ponts-et-chaussées, chargé
des travaux. MM. Gally, adjoint au maire ; Janot,
juge de paix ; de Boissimont, industriel ; Salmon, receveur de l'enregistrement, encourageaient les travailleurs et partageaient leurs périls. Après avoir organisé
la défense de la rive gauche, secondé par M. Dupin,
conducteur des ponts-et-chaussées, M. le sous-préfet
de Chinon était accouru de la Chapelle-aux-Naux à la
Varenne de Langeais. Les banquettes furent consoli-
dées, exhaussées, et l'on travailla sur ce point, une
grande partie de la nuit, dans l'eau jusqu'à mi-
jambe.

A une heure du matin, on constate de la baisse :
l'espoir revient. La Chapelle-aux-Naux, si menacée
depuis la veille, se maintenait, et l'on était persuadé
que la Loire avait atteint son maximum de hauteur.
Mais la fureur du fleuve allait se réveiller avec une
réaction d'autant plus effrayante, que son sommeil
apparent avait inspiré plus de quiétude.

A quatre heures, un gendarme annonce que la
Loire croît de nouveau ; que le télégraphe est emporté. On fait un nouvel appel aux travailleurs de
Langeais, on court à la Varenne. M. Boilesve, à qui
l'âge ne permet plus l'honneur de la lutte, a pris le
poste du dévoûment. MM. Portet et Chabelard y con-
duisent les travaux avec un beau sang-froid, et font

transporter, par une chaîne de travailleurs, habilement disposée, tous les matériaux qu'apportent de nombreuses voitures. Il était plus d'onze heures du matin, et les travaux exécutés avec la plus grande ardeur n'avaient pas cessé. On avertit alors le Maire de Langeais du péril imminent dans lequel se trouvaient les travailleurs : une rupture était sur le point d'éclater. Il donna l'ordre d'évacuer la chaussée. Malgré cet ordre réitéré trois fois, trente-huit courageux défenseurs restèrent où les avaient appelés l'honneur et le danger. A leur tête étaient M. Boilesve, lui-même, et le commissaire de police, M. Marbeau. En ce moment, vers midi, quinze mètres de banquette furent emportés, et ce fut avec beaucoup de difficulté et non sans danger, qu'ils purent traverser le torrent. M. Boilesve, cloué dans sa voiture par les infirmités, se retira le dernier, comme un capitaine de bord. Presque simultanément, une nouvelle brèche s'ouvrit, en amont, sur une longueur de quatre-vingt-dix mètres.

Deux heures après, la plaine, de Cinq-Mars à Langeais, était inondée. L'effort des eaux avait été si puissant, que la levée du chemin de fer avait été emportée de deux mètres en avant. Cette levée fut déchirée par cinq brèches, de douze à soixante mètres de largeur.

## RUPTURES SUR LA RIVE GAUCHE.

A huit heures, avant la rupture de la Varenne, on avait entendu un grand bruit sur la rive gauche. Une rupture avait eu lieu du côté de Villandry, à la limite de l'arrondissement. La Loire se précipitait, furieuse, par une brèche qu'elle s'était pratiquée, et déversait partout.

M. le sous-préfet de Chinon se porta de nouveau sur la rive gauche, à la Chapelle-aux-Naux,..... Le poste du danger avait été déserté. Le pays a montré assez de magnanimité dans cette lutte gigantesque contre les éléments pour que nous n'ayons pas à rougir de quelques désertions; mais, lorsque nous avons le malheur de les rencontrer, notre devoir ne nous permet pas le silence. A la Chapelle-aux-Naux, aucun fonctionnaire ne donnait l'exemple du courage, et il fallut que M. le sous-préfet cherchât, lui-même, des matériaux pour défendre les parties de la chaussée qui tenaient encore. Matériaux et défenseurs manquaient également à Villandry, et, après de vains efforts pour secouer cette torpeur honteuse, on abandonna forcément le champ de bataille sans avoir combattu avec honneur.

C'était l'heure du sinistre de la Varenne de Langeais, et, sur la rive gauche, on recevait la nouvelle que Langeais était inondé, malgré les efforts qu'on avait faits pour ramener le fleuve dans son lit, en lui ouvrant un passage au-dessous de la brèche dont nous avons parlé.

Le malheur de cette ville était suivi, le lendemain, de la dévastation de la Chapelle-Saint-Louis, par suite d'une nouvelle rupture. Grâce à l'activité éclairée de l'administration, on put organiser immédiatement le sauvetage, au moyen de bateaux de service et de correspondance, et pourvoir aux premiers besoins des habitants de Langeais, de la Chapelle-St-Louis, de Rivarennes, du Bréhémont et de Savigny.

## DÉFENSE DES LEVÉES DE LA RIVE DROITE.

Au-dessous de Langeais, deux points, l'un, sur la commune de Saint-Michel, la Bonde (1); l'autre, sur celle de la Chapelle-Blanche, la Croix-Rouge, étaient, de l'avis de tous, plus particulièrement menacés. A la Bonde, l'aspect du fleuve et des chaussées était effrayant. Sur un parcours de plus de quatre kilomètres, les travailleurs maintenaient les eaux, près de faire irruption, à un mètre et jusqu'à un mètre et demi au-dessus de la levée. Une grande partie des populations de Bourgueil, de Restigné, de Benais, de Saint-

(1) Les travaux y étaient dirigés par MM. Portet, Dupin et Balandreau, conducteurs des ponts-et-chaussées.

Michel, d'Ingrandes, de Saint-Patrice, de Saint-Nicolas et de Chouzé même était là. Plus de quatre mille personnes et plus de six cents charriots ou brouettes, circulaient, travaillaient, se croisaient en tous sens. On apportait à boire aux travailleurs, pour réparer leurs forces ; mais ils ne prenaient aucun autre aliment : ils n'avaient pas le temps de manger. Déployant tout ce qu'ils avaient d'énergie, hommes, femmes, jeunes filles, enfants, tous piochaient, chargeaient, conduisaient les matériaux. Le silence était solennel ; le spectacle, digne de celui qui a donné à l'homme un courage plus grand que la nature elle-même. Une fourmilière d'hommes de toutes les classes, réunis dans un même intérêt ou dans un commun dévoûment, plus forts que le plus formidable péril, bravent la furie du fleuve et travaillent, calmes et résolus, au son lugubre du tocsin et de la générale, seules voix qui se fassent entendre avec la grande voix des eaux. Sur un point, le courage des travailleurs s'élève jusqu'au sublime de l'héroïsme. Plus de mille hommes y étaient rassemblés. La chaussée, ramollie, détrempée par les crues antérieures, tremble sous leurs pieds : tous peuvent être balayés, engloutis à la fois..... Qu'importe ? ils redoublent d'efforts, domptent le fleuve qui mugit et *offrent leurs poitrines pour points d'appui* aux banquettes et aux terrassements qui fléchissent. L'eau les domine, les inonde et passe par dessus leurs têtes : ils restent dans cette position terrible, tandis qu'on terrasse derrière eux, entre leurs jambes. Dans un moment d'invincible épouvante , les travailleurs s'enfuient. — « Ne craignez rien , s'écrie M. Feuillard, curé » de Saint-Michel ; je reste au milieu de vous , mes » enfants. » « Tenez ferme , dit avec énergie M. Dusoullier , vous recevez le baptême du courage. » Et tout est sauvé.

A la Croix-Rouge, au port de l'Ableuvoie (1), le courage était le même. Plus de quinze cents personnes des communes voisines luttaient, de concert avec les habitants , contre le progrès des eaux.

Au port Charbonnier, on soutenait l'eau à plus d'un mètre au-dessus de la levée avec des pieux, des fascines , des terres et des démolitions. Telle était l'ardeur que tout le monde apportait, depuis soixante heures , à ce travail prodigieux, continué jour et nuit, sans relâche, qu'on se demandait le jour et l'heure, sans qu'aucun travailleur pût répondre.

## RUPTURES SUR LA RIVE GAUCHE.

Le 3 juin , à midi et quart, le fleuve rompit la digue du Bréhémont, dans le bourg même de ce nom, en face de la Bonde , et emporta vingt-sept maisons (2).

(1) MM. Demon père et fils dirigeaient les travaux.

(2) Nous en parlerons plus loin.

« En ce moment, dit M. Portet (1), dans son rap-
» port du 11 juin, la force des eaux avait une telle
» puissance, qu'il était impossible que les levées des
» deux rives pussent résister en même temps ; c'était
» donc une lutte entre elles, qui devait se terminer
» par la ruine de l'une ou de l'autre. Tout espoir de
» conservation était perdu pour moi, et j'attendais,
» d'un moment à l'autre, une rupture dans la levée,
» entre Planchoury et les Trois-Volets (2), tout en
» faisant continuer la défense avec la plus grande
» activité ; mais la rupture de la levée du Bréhémont
» eut pour résultat le soulagement immédiat de la
» levée en amont des Trois-Volets, qui alors n'avait
» plus un quart d'heure d'existence. »

Cette irruption de la Loire sur la rive gauche dé-
chargea momentanément la levée de la Bonde et fit
baisser le niveau du fleuve de près de 0 m. 40. La
Loire se répandit de la digue rompue à la colline méridionale, distante d'environ un kilomètre. A la Chapelle-Blanche, pendant cinq heures, le rabais se fit
également sentir, et les habitants se croyant sauvés
par le désastre de leurs voisins d'outre-Loire, l'annoncèrent en aval.

(1) Conducteur principal, faisant les fonctions d'ingénieur.

(2) MM. Beaupré, conducteur des ponts-et-chaussées,
Mercier, agent-voyer, de Bourgueil, Bec-Rouger, conducteur
de la Loire, Beaugé, entrepreneur, dirigèrent vaillamment les
travaux.

D'un autre côté, le Cher avait brisé ses chaussées et avait fait une brèche considérable au lieu appelé Bec-du-Cher, tandis que la Loire, dans son envahissement par la levée du Bréhémont (1), était allée rompre la digue du vieux Cher. Alors les eaux de l'Indre, du Cher et de la Loire ne formaient plus qu'un fleuve immense, qui reflua en amont jusqu'à Azay-le-Rideau.

## DÉFENSE DE LA CHAUSSÉE DE LA RIVE DROITE.

Cependant, de ce côté de la Loire, la plupart des travailleurs s'abandonnant à une joie trompeuse, comptant sur un rabais continu, s'adressaient les plus chaudes félicitations et prenaient quelques heures de repos, après trois jours de fatigues inouïes. Bientôt la confiance devint générale, et presque tous reprirent le chemin de leurs demeures dans une fatale sécurité.

Vers neuf heures et demie du soir, on annonça au bourg de la Chapelle-Blanche une crue de 0 m. 15 à 0 m. 20 à l'heure. Les eaux, qui s'étaient ruées dans les terres, par la brèche de la chaussée du Bréhémont, s'étaient heurtées à la colline dont nous avons parlé. Refluant ensuite vers la Chapelle-Blanche, elles surélevaient le niveau du fleuve, augmentaient sa force de pression, qui s'exerçait alors perpendiculai-

(1) Elle avait été défendue par une compagnie du 98e de ligne.

rement à la grande chaussée de la rive droite. Le tocsin retentissait à Saint-Michel, à Saint-Patrice, à Ingrandes, à Benais, à Restigné. Les travailleurs se précipitèrent avec une ardeur nouvelle sur le champ de bataille où les attendaient d'effroyables périls, et recommencèrent la lutte désespérée qu'ils soutenaient depuis soixante-douze heures. Elle se continua sept heures encore, et ne se termina qu'à la ruine de ce bourg florissant.

Parmi les plus généreux défenseurs de la Chapelle-Blanche, à la tête de ceux qui avaient cherché la lutte périlleuse ou les devoirs sacrés de la charité, nous devons citer entre tous MM. les maires de Bourgueil, de St-Nicolas, de Restigné et de Benais, MM. Renaud, juge de paix à Bourgueil, Lessaut, commissaire de police de cette ville, Lajousse, receveur de l'enregistrement, Guillaumé, garde des eaux-et-forêts, Guindeuil, curé de la Chapelle, son vicaire, M. Chollet, et le docteur Chicoyne, qui s'était déjà distingué avec M. Beaupré, conducteur des ponts-et-chaussées, lors de l'inondation du 15 mai, sur la rive gauche. Si nous devions signaler des noms honorables dans notre brave gendarmerie, nous citerions le corps tout entier, à Langeais, sur toute la rive gauche, à la Chapelle et dans la vallée de Saumur (1).

(1) Nous donnerons un extrait du rapport de la gendarmerie de Saumur. Il fera suffisamment connaître l'importance des services rendus par ce corps pendant l'inondation.

L'épouvantable dénoûment approchait. La nuit
était lourde et épaisse. L'heure était sinistre.

Presque tous les habitants de la Chapelle, persua-
dés que la rupture ne pouvait avoir lieu dans le bourg
même, l'avaient déserté pour se porter, en amont et
en aval, sur les chaussées. Dans cette nuit fatale,
dont le pays gardera, d'âge en âge, le triste souvenir,
un peuple entier disputait à la fureur du fleuve cette
admirable vallée qui vaut, à elle seule, un royaume
des Espagnes. On luttait sur un champ de bataille de
soixante-douze kilomètres de longueur. De la Chapelle-
Blanche, nom malheureux (car les annales de nos
vallées comptent déjà cinq ruptures sur son territoire), allait s'élancer le fleuve indomptable, qui devait briser tant de valeureux efforts. Il était beau, à
l'heure dont nous parlons, de contempler, à la lueur
rouge des torches goudronnées, tous ces intrépides
paysans, la pelle et la pioche à la main, ne suspendant
leurs travaux que pour écouter, silencieux, l'œil fixe,
tous les bruits de la lame ou les gémissements de la
brise, au milieu de leurs femmes et de leurs enfants,
qui interrogeaient la Loire avec une inquiète terreur.

Le danger croissait de minute en minute, à la
Bonde, à la Chapelle, à la Croix-Rouge, sans qu'il
fût possible encore de décider où il fallait surtout
concentrer les forces de la défense. Deux hommes, au
cœur vaillant, avaient accepté la dangereuse mission
de relever les cotes d'eau au pont de Port-Boulet,
pendant cette nuit affreuse : c'étaient MM. Sartier père

et fils. Ils annoncèrent alors que les digues aboutissant aux culées du pont étaient submergées et rompues sur plusieurs points. Ces deux braves n'en continuèrent pas moins de prendre les cotes d'eau, sur les échelles secondaires, bien qu'ils fussent obligés de traverser des rapides de plus de 0 m. 60 de profondeur. Ils durent même lutter contre une bande de malheureux forcénés qui, dans un désespoir aveugle, avaient résolu de rompre la chaussée qui relie Port-Boulet au pont. Un affouillement ayant eu lieu, ils démolirent deux cents mètres de banquettes, et empêchèrent une rupture qui aurait eu pour conséquence la perte d'une habitation et l'entraînement de la culée du pont.

L'heure terrible et suprême approchait. On éprouvait un sentiment d'épouvante auquel ne pouvaient se soustraire les plus fiers courages : la Chapelle ressemblait à un tombeau. Des lumières, placées sur toutes les fenêtres, jetaient des éclairs sinistres sur les eaux en tumulte et dans les rues silencieuses que traversaient quelques habitants mornes ou effarés.

Nous avons dit que les travailleurs, pour la plupart, s'étaient portés aux deux extrémités du bourg. Quelques étrangers, restés à la Chapelle, font remarquer que l'eau pénètre avec une violence toujours croissante à travers la chaussée, par les fondations des maisons et les soupiraux des caves. Ils se mettent résolument à l'œuvre et démolissent les murs des clôtures et des jardins : les habitants les secondent.

On apporte des poutres, des terres, des moëllons,
du fumier, des voiles, qu'on dispose avec art, pour
fortifier la levée et fermer les voies d'eau. Vains efforts ! Il semble que l'eau, devenue intelligente, s'ouvre dix passages à la fois, lorsque les travailleurs ont
triomphé sur un point. C'était le moment où la Loire
avait acquis une puissance extrême ; car le fleuve,
qui s'était précipité dans le val méridional, par les
brèches des chaussées du Bec-du-Cher, du Bréhémont,
de Milly, du Bourg-Joli et de la queue de l'île de Saint-
Martin, après avoir rempli le bassin compris entre la
levée de la rive gauche et le coteau, se trouvant trop
resserré vers l'embouchure de l'Indre, où ce bassin se
rétrécit, rentra dans son lit en retombant en cataractes par dessus la levée du Bois-Chétif. Sa force de
réaction fut tellement prodigieuse, qu'il remonta jusqu'à un kilomètre au-dessus de la Chapelle-Blanche.
On comprend qu'en ce moment l'assaut du fleuve fut
incomparablement plus formidable qu'il ne l'avait jamais été, et nos lecteurs en auront une idée si nous
leur disons que les digues de la rive méridionale se
rompirent en huit endroits à la fois. Cette masse d'eau
incalculable non-seulement vint grossir le fleuve,
mais en barra, en suspendit le cours et en poussa
tout l'effort sur la Chapelle. L'eau s'élevait avec une
rapidité et une force irrésistibles... La Chapelle était
perdue, et, avec elle, toute la vallée de la rive droite.

A deux heures après minuit, les travailleurs avaient
de l'eau jusqu'aux genoux. Le flot, qui pénétrait dans

les caves non voûtées, soulevait les planchers et s'ouvrait de tous côtés des issues d'où jaillissaient des ruisseaux rapides qu'on ne pouvait plus arrêter. Des courants furieux s'établissaient déjà en plusieurs endroits du bourg ; des abîmes se creusaient sur la place de la Mairie, à l'entrée de la rue Brûlée et devant la maison Hervé. L'église était envahie, et l'eau s'y engouffrait par le portail de la place. Plusieurs habitants y pénétrèrent alors pour ouvrir un passage au courant ; ils accompagnaient M. le curé et son vicaire. L'église ne présentait plus qu'une scène de désolation ; tout y était bouleversé, abîmé ; l'orgue renversé, la tribune affaissée, les tombes défoncées, les stalles descellées et flottantes.

## RUPTURE SUR LA RIVE DROITE.

A la Chapelle-Blanche, les travailleurs tenaient encore, mais sombres et désespérés. Voiles, fascines, terres, murs entiers, s'engloutissaient vainement dans des gouffres toujours ouverts ou étaient entraînés par des courants invincibles.

Soudain le tocsin se réveille de clocher en clocher : c'est le signal d'une épouvantable déroute. On croit la levée coupée ; les habitants de toutes les campagnes voisines s'enfuient dans un désordre inexprimable ; on entraîne les bestiaux, on se charge de tout

ce qu'on peut emporter. Pendant ce sauve qui peut
général , quelques travailleurs héroïques , infatigables , se replient au centre du bourg et refusent de
s'avouer vaincus. Le reste des habitants , sur l'ordre
de M. Gerbier , maire de la Chapelle , et du brave
commissaire de police de Bourgueil , se retire aux
deux extrémités du bourg. La bataille était perdue.
Les administrateurs des communes riveraines , qui
avaient , jusque-là , soutenu par leur exemple le courage des populations , ce vaillant maire de Saint-
Nicolas , qui avait conduit au pas de charge une co-
lonne de travailleurs , de sa commune à la Croix-
Rouge , tous les hommes de cœur savaient qu'il n'y
avait plus qu'à se préparer au désastre.

Déjà le mur d'enceinte de la gendarmerie avait été
abattu ; les murs de soutènement de la chaussée,
détrempés, disjoints, rompus par l'eau qui retombe
en mugissant par dessus les banquettes, viennent de
s'écrouler ; la moitié du magasin Legout est emportée.
Le petit nombre des travailleurs restés à la Chapelle
ne peut plus garder cette position de plus en plus menaçante ; ils opèrent leur retraite sur une nouvelle in-
jonction du maire et du commissaire de police. Dans
l'obstination sublime de leur intrépidité , quelques
habitants veulent tenter un dernier effort. Deux voiles
sont tendues pour protéger les barrages qui défen-
dent la maison Renault et arrêter le torrent. Les plus
braves proposent d'en apporter une troisième. On
applaudit à cette idée : ils partent tous, ils courent la

chercher à l'extrémité du bourg, ils tournent l'église...
Fatalité ! ou plutôt effet admirable de la Providence !
un bruit formidable éclate ; la levée s'écroule, emportée par un déluge qui se précipite d'une hauteur
de cinq mètres ; une vapeur épaisse s'élève au-dessus
de la trombe qui tourbillonne : l'abîme est ouvert !

« Il était quatre heures du matin, dit un témoin de
cet horrible désastre. Les maisons tombaient... tombaient. Et nous, l'œil hagard, immobiles et muets,
comme des statues de marbre, nous regardions,
sans idée, sans émotion : la stupeur avait brisé en
nous la dernière fibre de la sensibilité. Un bâtiment
croulait tout d'une pièce jusqu'au dessous de ses
fondements ; un nuage de poussière et de vapeur
se balançait un instant... Puis, plus rien... Puis un
autre... puis un autre... au milieu des craquements
affreux des charpentes et du tonnerre des écroule-
ments. »

« Figurez-vous, écrivait un autre témoin, M^me C.,
nos pauvres habitants dans l'eau jusqu'à la ceinture, pendant cette nuit suprême ; parcourant le
bourg dans tous les sens, sondant les caves et les
fondations des maisons, interrogeant partout la marche du fléau, ne reculant sur aucun point, inacces-
sibles à la crainte, alors même que la Loire formait
des rapides effrayants à la rue Brûlée et sur la place
de la maison d'école. Tous travaillaient sans relâche,
aussi intrépides qu'infatigables, au-dessus d'un abîme.
Comment des centaines d'hommes n'ont-ils pas péri ?

Aujourd'hui que je réfléchis à tout cela, le souvenir seul m'en fait frissonner. Personne n'y songeait. Quelle puissance que celle de l'homme, quand il est soutenu dans ces luttes prodigieuses contre la nature par le noble orgueil de son courage, par l'amour des siens et surtout par le dévoùment chrétien! Je vois encore ce que je vais essayer de vous décrire. Le gouffre était béant... M. Bizouillé s'était réfugié dans son château du Bourreau-Flaire avec quatre religieuses et sept autres personnes. Vers cinq heures du matin, une des maisons du milieu du bourg est soulevée par l'eau, s'affaisse ensuite et laisse à la fureur du flot un large passage. Le torrent, sans obstacle, se précipite dans les terres, renverse tout ce qu'il rencontre et se creuse un lit d'une profondeur immense, emportant successivement quarante-huit maisons. On les voyait osciller, puis s'engloutir tout d'un coup dans l'abîme au-dessus duquel montait un épais nuage. Une maison est partie, comme un vaisseau lancé à la mer, se balançant sur le gouffre, et est allée s'abîmer à plus de trente mètres au pied du château. Là, le fleuve battait si furieusement les murailles, que les vagues s'élevaient en bouillonnant à plus de quinze mètres de hauteur. La gare du chemin de fer, solidement construite, présentait le même spectacle, à deux cents mètres plus loin (1). C'était à mourir de peur. Au château du Bourreau-Flaire, les pauvres réfugiés

(1) M. Geniés, l'intrépide chef de gare, et M<sup>me</sup> Geniés refusérent de l'évacuer au moment de la rupture.

éprouvaient des angoisses sans nom. Pendant quatre
heures et demie, ils eurent sous les yeux cette
scène effroyable. Quelle horrible agonie ! Il était
évident que le château ne résisterait pas longtemps,
malgré la solidité de son architecture. — « Allons,
Monsieur Bizouillé, disaient les religieuses, avec cette
sainte résignation que donne la foi, nous allons
mourir... Remettons nos âmes entre les mains de
Dieu... Nous prierons Dieu pour vous.... »

» Le sauvetage était réputé impossible, et les douze
naufragés du château paraissaient voués à une mort
certaine. Cependant le dévoûment de quatre hommes de cœur devait les sauver. Guillaume Beaugé,
Naudin, Hubert et Jaglin parvinrent au pied du château, et les douze prisonniers furent descendus, l'un
après l'autre, dans l'embarcation assaillie de tous côtés par la lame furieuse. Une femme paralytique était
du nombre. De nouveaux braves retournèrent une
seconde fois au château pour en rapporter quelques
objets précieux et un porte-feuilles, que regrettait M.
Bizouillé. Cette fois (sainte émulation du courage!)
ils étaient accompagnés du commissaire de police de
Bourgueil, du gendarme Rideau, et de la sœur Saint-
Antonin (1).

» Le vieux manoir du bourreau de Louis XI (2) de-

(1) Sœur converse de la Charité.
(2) Le château du Bourreau-Flaire, habité autrefois par Tris-
tan-Lhermite, appartenait, il y a quelques années, à la famille
Chenantais, de qui l'avait acheté M. Bizouillé.

vait céder à son tour à l'assaut impétueux du fleuve, et il disparut si complètement, que l'œil cherche en vain la place qu'il occupait. Mais, ce qui brisait le cœur, ce qui était vraiment horrible, c'était de voir le torrent implacable, sacrilége, pousser ses vagues monstrueuses vers l'asile des morts, fouiller cette terre du repos, dernière demeure de notre pauvre humanité, et les entraîner, dépouilles hideuses, effrayantes épaves, à travers nos campagnes, et jusque dans les demeures des vivants (1). Je veux vous dire deux choses qui m'ont frappée parce qu'elles m'ont paru mystérieuses, et que je ne sais point tout expliquer avec les superbes raisonnements de la science. On va peut-être sourire de ma simplicité, mais que m'importe? Je crois que la main de Dieu était là, et je n'oublierai de ma vie ce que j'ai vu. — Oui, la maison emportée sur l'abîme et qui s'engouffra la première, était marquée du doigt de Dieu : je suis de ces gens qui ont encore de ces idées-là. La veille même du désastre, on y avait enivré un malheureux ; on l'avait couché ; puis, dans l'orgie, après avoir allumé des flambeaux autour de son corps, quelques fous sacriléges avaient chanté le *libera* des morts. Eh bien ! la Loire, qui s'était creusé deux courants, deux lits

---

(1) Un grand nombre de cadavres ont été trouvés dans le jardin de M. Théodore Nicié. Chez M. Callot-Deschamps, rue du Port, près du Lane, on a recueilli une boîte à coulisse qui renfermait un enfant. Plus de cent cadavres exhumés par les affouillements du fleuve ont été enterrés à Bourgueil et à Chouzé.

profonds à la rue Brûlée et sur la place de la maison
d'école, les abandonne brusquement, s'en élance
d'un bond, avec un éclat de tonnerre, soulève la maison qui avait insulté à la mort; et, après cet acte de
justice terrible, les eaux vengeresses fondent d'un
trait sur notre cimetière et vont fouiller tous nos
tombeaux. Tous nos tombeaux, ai-je dit? Je me
trompe, la Loire a respecté l'humble coin de terre,
où reposent les malheureux sans patrie et ceux qu'a
frappés une mort violente. N'est-ce pas étrange tout
cela, dites-moi? On me parlera, dans un langage
savant, de l'angle de projection des eaux, de leur
force de réaction, de leur pesée, des inclinaisons et
des plis du terrain... Je ne sais. La science est fort
belle, mais ma foi est bien quelque chose encore. »

Le désastre grandissait de minute en minute et
prenait d'épouvantables proportions. Quelques heures seulement devaient le consommer dans le malheureux bourg de la Chapelle. Le jour éclairait une
scène de désolation indescriptible. Des charpentes, des
toitures, horriblement mutilées, des ruines à demi-
submergées et pendantes sur des abîmes, des épaves
de toutes sortes, des débris informes, sans nom, flot-
taient aux remous des contre-courants, image affreuse
et saisissante des cataclysmes antiques. Une foule de
malheureux sans foyer, sans asile, errants sur la
chaussée, qui tremblait sous les pieds à plusieurs centaines de mètres de distance de la cataracte, cher-
chaient d'un regard terne, égaré, la place où s'élevaient

tout-à-l'heure les habitations qui abritaient leurs femmes et leurs enfants. Nous sentons ici que la plume est
impuissante à rendre une telle scène et les déchirantes
émotions qui, en ce moment, serrent et étouffent le
cœur. Ce jour avait des horreurs que n'avaient point
connues tous ces braves travailleurs surexcités par le
danger et par ce mot qui sonne si haut dans notre
pays : dévoùment. C'était la ruine, l'épouvante, la
mort, sans que la lutte fût possible. C'était l'héroïsme
convaincu de sa faiblesse et de son impuissance, la
plus grande torture des âmes magnanimes.

« Qu'elle fut longue cette journée du 4 juin ! s'écrie
» dans sa simple et évangélique narration, l'intrépide
» vicaire de la Chapelle. Tout le jour, nous errâmes
» le long de la levée, dans nos vêtements tout trem-
» pés, les larmes aux yeux, sans pain, et osant à
» peine nous communiquer nos pensées.... (1).

. . . . . . . . . . . . . . . . . . . . . . . . . . . .

» Enfin la nuit vint : heureusement pour nous, elle
» fut belle. Quelques-uns couchèrent dans des gre-
» niers, beaucoup dans des bateaux ou sur la levée.
» Le lendemain, la Providence vint à notre secours. »

Alors allait commencer la mission sacrée de la
pieuse commisération et de la charité. Presque tous
les vaillants de la veille étaient les sauveurs du len-

---

(1) Nous regrettons que la modestie de M. l'abbé Chollet ne
nous permette pas de reproduire sa lettre en entier.

demain. Les femmes, en général, s'élevèrent à la hauteur des plus magnanimes courages, et montrèrent rarement l'abattement de la stupeur et l'énervation du désespoir. A l'homme, il faut la lutte pour le grandir; il est souvent plus faible que la femme devant une ruine consommée, et il en vient jusqu'à perdre l'instinct de la plus simple prévoyance et de sa propre conservation.

La retraite du maire de la Chapelle, quelques heures après la destruction de ce bourg, avait laissé sur ce théâtre d'horreur, avec un plein pouvoir, M. le commissaire de police de Bourgueil, en l'investissant d'une redoutable responsabilité (1). Heureusement ce fonctionnaire, dont le dévoûment avait été si digne d'éloges, avait une âme assez forte pour n'être pas accablée sous le poids des devoirs que lui imposait cette grande mission. Il continua l'œuvre qu'il avait commencée avec l'honorable juge de paix de Bourgueil.

Les plus courageux, nous l'avons dit, pénétraient dans les maisons noyées, croulantes ou à demi-ruinées, en arrachaient les habitants paralysés par la terreur et les transportaient, avec leurs effets, partout où les chaussées présentaient quelque sécurité. Il fallait conduire plusieurs de ces pauvres gens, qui

(1) M. Gerbier conduisait à Bourgueil sa famille sauvée par le commissaire de police et M. Beaupré, et sa femme dangereusement malade. Il revint le lendemain.

regardaient sans voir, faisaient quelques pas, reve-
naient automatiquement, sans rien comprendre.
Beaucoup se disposaient à mourir, et se jetaient aux
pieds de M. l'abbé Chollet, pour puiser dans la foi le
courage de la dernière heure. Ce jeune et digne prêtre
s'était trouvé partout, auprès de toutes les douleurs,
au milieu de tous les périls (1). On le vit longtemps,
un malade sur les épaules (ce malade était atteint de
la fièvre typhoïde), chercher sur les chaussées inondées un lieu sûr pour y déposer ce précieux fardeau
de la charité. Par un bonheur providentiel, le bateau
à vapeur, le *Blanzy*, n° 2, qui était venu au secours
de la Chapelle, le reçut à son bord avec un grand
nombre d'autres malheureux qu'il transportait aux
Trois-Volets.

## LE BLANZY. SAUVETAGE.

Le bateau à vapeur le *Blanzy*, dit M. Castellan,
conducteur des ponts-et-chaussées, dans son rapport
du 10 juin, fut mis en réquisition pour être prêt à
partir le mercredi 4 juin, à 7 heures du matin. Il
devait d'abord porter des secours aux habitants de
la rive gauche, restés isolés sur cinq points différents

(1) Le bourg de la Chapelle fut coupé en deux par l'irruption
de la Loire. Le curé se trouvait en amont, avec une partie de la
population ; le vicaire, du côté de la Basse-Vallée.

par suite des ruptures des chaussées, à Bréhémont, à Milly, à Rupuanne et au Bourg-Joli, et qui ne pouvaient communiquer avec les communes placées sur les hauteurs, en raison de la difficulté de traverser le Cher et l'Indre, d'un côté, et la Loire, de l'autre.

Plus de cinq cents personnes furent secourues et ne manquèrent jamais du nécessaire, grâce à l'activité déployée sur le *Blanzy*, et aussi au généreux empressement des habitants de Saint-Michel, d'Ingrandes et de Saint-Patrice, qui fournirent les vivres sous l'impulsion donnée par MM. Dusoullier père et fils, et de M. le curé Moreau.

Tout en faisant la distribution des vivres, le *Blanzy* transportait également les ménages et les bestiaux des habitants inondés de la Chapelle-sur-Loire, qui se trouvaient sans asile, et les déposait à la côte, partout où l'hospitalité leur était offerte. Il servait aussi au transport des ingénieurs et des employés des ponts-et-chaussées, qui se rendaient aux brèches pour en prévenir l'extension.

Pendant les cinq jours qu'a duré le service, depuis le port de l'Ableuvoie jusqu'à Langeais, sur une distance de 19 kilomètres, le *Blanzy* a parcouru plus de 250 kilomètres et s'est arrêté *soixante-treize fois*, soit pour embarquer ou pour débarquer des réfugiés, soit pour recueillir ou distribuer des vivres. Si, dans les manœuvres difficiles occasionnées par les îles et la rapidité des courants de la Loire, aucun accident

n'est arrivé ; si l'on a pu affronter tous les périls que
présentait cette navigation, on le doit à l'habileté du
patron, M. Baranger, et au mécanicien, M. Hutin,
secondés par leur brave équipage (1). C'est un marinier
du *Blanzy*, Jouy, de Chouzé, qui, avec Diot, d'Am-
boise, Dubois, de St-Clément-des-Levées, et Rideau,
gendarme à la Chapelle, opéra les premiers sauvetages
qui suivirent celui du château du Bourreau-Flaire.

L'élan de la charité était général. On s'emparait des
inondés, de leurs bestiaux, de leurs mobiliers, et
chaque toit se consacrait par la plus touchante hospitalité. Les émigrés de la Chapelle s'étaient réfugiés
à Ingrandes, à Benais, à Restigné, à Bourgueil et à
Saint-Nicolas. M. le commissaire de police de Bourgueil était parvenu à régulariser le sauvetage et les
secours de toute nature. La première épouvante était
passée, et l'on pouvait enfin descendre au fond de
tant de misères. Chose prodigieuse ! à la Chapelle,
seulement, quarante-huit maisons furent entièrement
détruites, et soixante-dix-huit autres à demi-ruinées
ou fortement endommagées : cependant, sur une population de 3,200 habitants, on n'eut pas à regretter
la mort d'une seule personne (2).

(1) Le *Blanzy* appartient à la Compagnie des mines de houille
de Blanzy (Saône-et-Loire). A bord du *Blanzy*, le service des
vivres et approvisionnements fut administré par M. Grolleau fils,
employé des ponts-et-chaussées, qui se distingua par son zèle et
son activité.

(2) On doit à M. E. Lambert, secrétaire de la mairie, la con-

Le jeudi 5 juin, dans la soirée, M. Louvet, maire de Saumur, M. Bouchard, docteur-médecin, et M. Joly, architecte de la même ville, se rendirent à la Chapelle et offrirent à l'administration l'aide de leurs conseils et leur concours généreux.

Le même jour, à onze heures du matin, une expédition vraiment périlleuse, mais qui devait être couronnée d'un plein succès, était tentée de la ville de Chinon, qui avait eu aussi sa part du fléau. MM. de Saint-Vincent, substitut du procureur impérial; Besnard, juge d'instruction ; Deborde, commis greffier ; le gendarme Desmazières, et son maréchal-des-logis, Waglair; les mariniers Duday père et fils, se confièrent aux eaux débordées de la Vienne, visitèrent la commune de Savigny et ravitaillèrent Bréquinolles; puis, entrant en Loire, remontèrent jusqu'à Chouzé, où ils arrivèrent après sept heures d'une navigation semée de mille dangers. Ils n'y stationnèrent que peu d'instants, et, après avoir changé leurs vêtements tout dégouttants d'eau, ils se firent conduire à la Chapelle. A la même date, le sous-préfet de Saumur, accompagné de M. Richard, procureur impérial, et de M. Faye, organisait dans le bourg de la Chapelle les approvisionnements de cette commune, de Varennes, de Chouzé et du Bréhémont (1).

servation des archives de la commune. Lorsque la rupture paraissait imminente en cet endroit, il pénétra seul dans la mairie, dans l'eau jusqu'à la ceinture.

(1) M. de Bassoncourt, sous-préfet de Chinon, de concert avec

La ville de Tours, si cruellement éprouvée pendant l'inondation des trois jours (2, 5 et 4 juin), n'oublia pas les lamentables infortunes qui attendaient la sollicitude de la métropole. Lorsqu'elle fut suffisamment approvisionnée pour les besoins de ses nombreuses populations (1), M. Podevin, procureur impérial, aujourd'hui préfet d'Indre-et-Loire, descendit la Loire sur le bateau à vapeur le *Président*, qu'il avait fait charger de vivres destinés aux inondés. Il était accompagné de MM. le baron Luchaire, directeur de la Compagnie des bateaux à vapeur les *Inexplosibles*, Boa, député d'Indre-et-Loire, de Loverdo, président de la Cour d'assises, Mame, imprimeur, Magaud-Viot, négociant, Vedrine fils, et de quelques autres citoyens honorables de cette cité.

Dans les jours qui suivirent la rupture, il s'établit deux ambulances : l'une, dans la maison de M. Chicoyne, d'un côté de la brèche, où se trouvaient quatre sœurs de la Charité; l'autre, dans la maison de Mᵐᵉ Cellier, directrice de la poste, du côté de l'église. Les inondés y trouvèrent à la fois des vivres et un asile.

M. Auvinet, maire de cette ville, organisait, de son côté, le service des approvisionnements pour la rive droite et la rive gauche.

(1) La ville de Poitiers lui avait expédié un train chargé de 45,000 kilog. de pain, de 4,000 kilog. de viande et d'une barque. Noble pays de France! l'histoire de ses malheurs a toujours été celle de la généreuse fraternité.

Les pompiers de Chouzé et de Restigné firent le service d'ordre dans les premiers jours et veillèrent à la garde des épaves. Ils furent remplacés par des artilleurs de l'Ecole de cavalerie de Saumur.

## RUPTURES DE LA RIVE GAUCHE.

Avant de suivre les ravages du fleuve à travers nos campagnes, il nous reste à compléter le tableau des désastres du val méridional. Si, dans les plaines de l'Indre et du Cher, nous devons retrouver les mêmes terreurs, les mêmes désespoirs, nous retrouverons aussi la même vaillance, les mêmes dévoûments. Nous nous sommes engagés à être vrais, et les documents intéressants que nous avons déjà produits sous les yeux de nos lecteurs, leur ont prouvé, nous aimons à le supposer, que nous avons été assez heureux pour faire croire à notre parole. Afin de rester fidèles à cet engagement, nous nous permettrons ici une indiscrétion en faveur de la vérité. L'honorable M. G. de P. nous la pardonnera, nous l'espérons.

« Pendant la journée du mardi 3 juin, écrit-il, la Loire refoulant de plus en plus le cours de la Vienne, cette rivière vint envahir une grande partie du Véron. Le bourg d'Avoine fut complètement inondé, et la circulation sur la route, interceptée de Coulaine à Chinon. Le bourg de Savigny était déjà submergé, depuis plusieurs jours, et les habitants se rapprochaient d'Avoine, tandis que ceux de Nemans se repliaient sur Beaumont. Ces pauvres gens, qui avaient eu le tort de n'ajouter pas assez de foi aux exhortations de la gendarmerie et des employés des services, se trouvaient presque tous dans le plus affreux dénûment. J'envoyai au secours de mes voisins de Nemans; mais, comme cela m'était déjà arrivé, plusieurs refusèrent de venir chez moi. Le vrai motif de leur refus était qu'ils craignaient d'être dépouillés, pendant leur absence, des objets laissés dans leurs maisons. J'ai pu constater, dans cette triste circonstance, ce que j'avais déjà remarqué en nos paysans: c'est le peu de confiance qu'ils ont les uns à l'égard des autres. J'ai vu une défiance extrême se manifester de père à fils, de frère à frère, et, après le retrait des eaux, la gendarmerie intervenir pour régler des prétentions exagérées entre les membres d'une même famille. Ayant pensé que ma présence devenait nécessaire, je me rendis au milieu d'eux; et ce ne fut qu'avec peine que je parvins à amener chez moi des vieillards, des enfants et des femmes qui avaient le plus grand besoin de soins (1). Ce fut en vain que je cherchai à leur

(1) Il est triste d'avoir de tels faits à constater; mais, en général, nous devons l'avouer, l'esprit de famille s'éteint, avec la vieille foi, dans nos campagnes. L'âpre ardeur du gain n'a plus

faire comprendre qu'ils devaient camper en commun, comme des troupes en campagne; établir des parcs sûrs et commodes, avec leurs charriots, dont ils laisseraient la garde à un petit nombre d'entre eux qui se remplaceraient successivement : je perdis mon temps.

. . . . . . . . . . . . . . . . . . . . . . . . . . . .

» La nuit du 3 au 4 juin a laissé dans ma mémoire un bien cruel souvenir, car elle se passa au bruit du tocsin et de la générale, chez nos voisins de la rive droite. Ils faisaient, pendant cette nuit lugubre, des efforts inouïs, surhumains, pour conjurer la fureur du fleuve qui les menaçait. La même nuit, s'ouvrirent les brèches qui déchirèrent nos chaussées, d'Avoine à Port-Boulet. Les eaux montaient toujours, et je vis le moment (vers quatre heures et demie du matin) où, par l'effet du refoulement, j'allais recevoir dans mon parc les eaux confondues de la Loire, de la Vienne et de l'Indre. J'avais chez moi cinquante-cinq personnes à nourrir, bêtes et gens, comme vous dites, et je me voyais forcé de quitter les lieux pour aller moi-même demander asile à mes voisins. Mais, vers cette fatale heure, j'entendis des cris affreux auxquels succéda tout d'abord un silence profond, instantané, puis le bruit d'un raz-de-marée violent, semblable à

laissé debout qu'un dieu, celui de l'or, auquel tout est sacrifié. Le lendemain du désastre, nous avons vu des paysans doubler le prix de leurs denrées.

celui d'une chute d'eau immense. Un rabais se fit sentir dans nos eaux, et je compris qu'un grand malheur venait d'arriver à la Chapelle-Blanche. Nous étions sauvés, mais à quel prix, grand Dieu (1) ! »

Les quatre cinquièmes de la superficie totale de la commune de Savigny ont été inondés, soit mille cinq cent vingt-deux hectares environ. Un seul hameau, celui de Puits-Rigault, comprenant trente-six ménages, a été respecté par les eaux. Parmi les noms honorables que nous devons citer, nous aimons à placer celui de Pierre Fougeray, couvreur. Sa conduite fut d'autant plus belle, qu'il se trouvait lui-même dans une grande pauvreté. Sans autre préoccupation que celle de la charité, ne songeant pas même à sauver son chétif mobilier, n'écoutant ni les prières de sa femme, ni les prudentes observations du curé de Savigny, M. Petit, il suivait cet ecclésiastique dans tous les hameaux, distribuant du pain aux inondés et opérant le sauvetage de leurs bestiaux, emporté par la généreuse passion d'une grande âme. Sa maison menaçait de s'engloutir : il sauve sa femme et ses enfants, et se devoue ensuite, corps et âme, au salut de tous. Au moment où les eaux étaient le plus furieuses, il s'em-

(1) M. et M<sup>me</sup> de Lamothaye, M<sup>lle</sup> Clarisse Prévost, ont fait, dans ces douloureuses journées, tout le bien imaginable. Nemans doit beaucoup à MM. les curés de Beaumont et d'Avoine et aux sœurs de charité. Savigny gardera un long souvenir de reconnaissance à M. Denis, et à M<sup>me</sup> de Mondyon.

barqua sur un frêle batelet et alla chercher à Candes des vivres pour ses malheureux concitoyens (1). »

Complétons la pléiade des braves gens dont les noms ne doivent point s'oublier dans le val d'outre-Loire. Travé, pêcheur, de Savigny, Boudegourd, Mélandre, Chevalier-Vincent, Jusseaume, se signalèrent par des services éminents qu'ils rendirent à la commune de Savigny. Pendant trois jours et trois nuits que dura le sauvetage, ces hommes de fer au cœur d'or, dans l'eau le plus souvent jusqu'à la poitrine, après avoir sauvé les habitants, pénétraient dans les étables submergées pour en retirer les animaux qu'ils conduisaient en lieu sûr. Cette tâche remplie, on les vit continuer la courageuse mission qu'ils s'étaient imposée : plusieurs fois par jour, ils traversaient le fleuve courroucé et rapportaient de Chouzé des vivres pour cette population affamée. Ils ne cessèrent leurs courses sur la Loire que lorsque le fleuve en baissant les eût rendues tout à la fois inutiles et impraticables.

A Savigny, une partie de la population campa à Bréquinolles, jusqu'au 5 juin ; les autres, au hameau de Puits-Rigault, ou dans l'église même, dans laquelle le curé accueillit, au nom du Dieu de la charité, les familles sans asile. D'autres se réfugièrent à Port-Boulet, sur la levée de la Loire. La maison de M. Borien était transformée en caravansérail. L'excel-

(1) Note communiquée par M. Lefay.

lente Mᵐᵉ Pax veillait, de concert avec sa jeune sœur, Mᵐᵉ Henry, aux besoins des femmes et des enfants, les consolait, relevait leur courage par la foi et leur faisait la prière en commun.

Mais, quelque déplorable que fût la situation de Savigny, celle du bourg de Bréhémont était bien plus affreuse encore. Dès le lundi, le danger était très-sérieux, parce que la chaussée, qui forme sa rue principale, est beaucoup plus basse dans la traversée du bourg, sur une longueur d'environ cinq cents mètres, qu'à ses abords, aux deux extrémités. Cette disposition malheureuse faisait craindre, avec raison, qu'un débordement n'entraînât le bourg entier. Les habitants construisirent un rempart gigantesque avec une merveilleuse rapidité. Plusieurs maisons furent démolies, avec les murs d'enceinte de l'église, du presbytère et d'un grand nombre d'habitations. Ils élevèrent ainsi (travail incroyable!) dans une seule nuit, du lundi au mardi, une muraille ayant, en plusieurs endroits, jusqu'à deux mètres vingt centimètres de hauteur. Les joints en étaient garnis avec du fumier et du chanvre. Pour étancher ce barrage, on avait étendu des draps sur le talus de la muraille.

Vers trois heures du matin, l'eau commença à rester stationnaire. La joie reparut au milieu des travailleurs qui, toute la nuit, étaient restés silencieux et sombres, malgré leur ardeur indomptable. Ils étaient fiers de leurs travaux, et c'était avec orgueil qu'ils voyaient la Loire courir avec impétuosité au-dessus de leurs têtes. Mais hélas ! ce triomphe acheté si cher fut de courte durée. A six heures du matin, l'eau, après avoir diminué de 0 m. 03, reprit son mouvement ascensionnel, et il fallut recommencer une lutte qu'on croyait terminée.

Les forces étaient épuisées ; le débordement du fleuve paraissait inévitable, et les courages étaient abattus. Dès lors, un grand nombre de travailleurs, qui s'étaient montrés fermes à leur poste jusqu'à ce moment, ne songèrent plus qu'à eux-mêmes. L'instinct égoïste de la conservation décima les rangs, attiédit les plus zélés, et il ne resta sur le lieu du danger qu'un petit nombre de vaillants, et, disons-le à leur honneur, ceux qui n'y étaient pas les plus intéressés. Il y avait donc là encore des cœurs et des bras, mais la force des eaux croissait toujours et allait devenir irrésistible.

On lutta ainsi jusqu'à midi. On savait que, en face, sur la rive droite, à la Bonde, des milliers de braves travaillaient à la défense de la levée : c'était un combat désespéré, frénétique, où le vainqueur devait être infailliblement le fleuve ; la victime, l'une ou l'autre des deux rives.

Harassés, mourant de fatigue, les travailleurs pouvaient à peine monter au sommet du rempart les quelques pierres qu'on apportait. A cet instant, le fleuve déborde sur une partie plus basse ; on essaie, mais en vain, d'en arrêter le courant. Une pierre se détache... c'en est fait. La brèche s'ouvre, et en quelques minutes les habitations sont emportées par le torrent.

Presque au même moment, deux autres brèches se creusèrent dans la chaussée, au-dessus du bourg, à Milly, au Bourg-Joly, près du village de Ripuanne.

L'église devint le premier asile de ces malheureux. Les femmes y avaient transporté leurs mobiliers, pendant que les hommes travaillaient aux chaussées.

La levée, coupée en tronçons par les ruptures de Bréhémont, de Milly, de Bourg-Joly et de la queue de l'île de Saint-Martin, était devenue le campement de la plupart des inondés. Ils ne pouvaient communiquer avec les collines, nous l'avons vu, qu'en affrontant les plus grands dangers, pour traverser le fleuve dans toute sa fureur, ou les courants impétueux causés par les cataractes des brèches. Heureusement, dès le mardi, dans la soirée, le *Blanzy* commença le sauvetage. Nous avons dit comment il s'acquitta de cette périlleuse mission.

La nuit du 4 au 5 juin fut horrible pour ces infortunés. Une pluie torrentielle tomba presque jusqu'au matin. Quelle affreuse position ! D'un côté, la Loire qui grossissait encore; de l'autre, la plaine immense sous les eaux, au niveau même des chaussées; de tous côtés, les grondements d'un déluge qui les enveloppait sur cette étroite barrière, sans moyen de retraite

ni de sauvetage. Ils interrogeaient le flot qui léchait,
en le rongeant, le faîte des chaussées ébranlées, et
sous leurs yeux égarés le fleuve s'éleva lentement de
0 m. 16. Ils passèrent douze heures dans ces angoisses.

## LA BASSE VALLÉE.

Maintenant nous allons suivre le fleuve qui roule
ses eaux déchaînées à travers la basse vallée de la
Loire.

Le fleuve, à la chute d'eau de la rupture de la Chapelle, s'était creusé un lac de cent quatre-vingts mètres
de longueur sur une largeur de deux cent quatre-vingts
mètres ; sa profondeur moyenne était de six mètres.
Au-delà de ce lac, il avait repris son ancien lit, en
portant partout sur son passage la désolation et la
ruine. Restigné, Bourgueil, Saint-Nicolas, Chouzé,
ces courageuses communes, dont le rôle avait été si
beau à la Bonde, à la Chapelle, à la Croix-Rouge,
partout où il avait fallu combattre le fléau, ne devaient
pas être épargnées à leur tour. A dix heures du matin,
le déluge avait envahi Bourgueil et Restigné dans une
étendue de plus de sept cents hectares. A trois heures
de l'après-midi, Chouzé et St-Nicolas étaient sous les
eaux, qui couvraient trois mille six cents hectares,

dans la première commune, et douze cents hectares, dans la seconde. Dix maisons étaient entièrement ruinées à la Taille, et quarante-cinq gravement endommagées.

Nos lecteurs savent quelle rare énergie les administrateurs de ces communes, secondés de courageux citoyens, déployèrent dans les journées du 2 et du 3 juin ; nous ne dirons point celle qu'ils trouvèrent encore pour réparer leurs propres désastres : nous nous bornerons à dire qu'ils furent dignes d'eux-mêmes.

Nous citerons seulement un épisode qui fait le plus grand honneur à M. Domergue, curé de Saint-Nicolas-de-Bourgueil. Le mercredi 4 juin, il entend dire que la levée est rompue à la Chapelle. Pour s'en assurer, il se dirige sur Chouzé, accompagné de MM. Touchard fils, Séjourné-Delisle et Ridou, instituteur. Plus de doute : sur un grand nombre de points de la commune de Chouzé, des bateaux amenés sur des traîneaux sont déjà disposés pour le sauvetage. Ils se hâtent de retourner sur leurs pas : le temps presse, car ils aperçoivent le premier flot de l'inondation. En ce moment, le cultivateur Ragueneau-Girard (deux heures et demie) implore l'aide de M. le curé et de ses compagnons : il emmenait sa femme et sa fille, âgée de 22 mois, dans une charrette chargée de fourrages et attelée d'une vache seulement. M. Domergue, bravant le danger, presse ses compagnons de l'imiter et tous poussent en avant..... Mais le torrent furieux arrive, les sépare violemment de la charrette qu'il entraîne. M. Ridou va périr dans le fossé qui borde la route ; on fait la chaîne, on l'arrache à la mort. Tous ont de l'eau jusqu'à la poitrine ; ils font deux cents pas dans cette terrible position. Un fossé de six pieds leur barre le passage ; il faut le franchir, ou la mort est inévitable. M. Domergue rassemble ses forces, s'élance avec vigueur et atteint le bord opposé, dans l'eau jusqu'au cou ; tous le suivent. Ragueneau jette son enfant, qui est sauvé par Touchard ; l'instituteur, qui a failli périr, sauve à son tour la femme Ragueneau tombée au milieu du fossé. Une foule de spectateurs attendaient avec anxiété le dénoûment de cette scène affreuse. Enfin, René Ory, ancien militaire, veut sauver la vache de Ragueneau, qu'il entend beugler d'une façon lamentable : il se jette à la nage et la ramène à bord.

Varennes fut submergé dans toute son étendue (le bourg ne fut pas atteint), à l'exception de la lisière qui longe la levée, sur une largeur de six à huit cents mètres, et d'un point, appelé la Ligne, qui domine la basse vallée : là, près de leurs charrettes, transformées en parc et en tentes, beaucoup de familles restèrent campées pendant trois semaines. A la tête des travailleurs de Varennes, on remarqua particulièrement MM. Derouet, curé de cette commune, Besson, vicaire, Niverlet, médecin, et Marteau, instituteur ; et parmi ceux qui se dévouèrent au sauvetage : MM. Moussard-Coulon, Pelard, mariniers, et

Ruesche, fermier du bac de Gaure; Gallé-Boisgentin et Dudet-Simoneau (1).

MM. Budan de Russé, maire d'Allonnes, et Lespagneul de la Plante, adjoint, ont dirigé le sauvetage de cette commune avec une admirable énergie.

M. E. Dumesnil a déployé, pendant plusieurs jours, dans le sauvetage de Brain et d'Allonnes, un zèle et un entrain généreux, dignes des plus grands éloges.

M. Libaud fils s'est fait remarquer par ses services dévoués dans les communes de Villebernier et du Bas-Varennes.

Allonnes (2), Russé, Villebernier, Vivy, Saint-Lambert-des-Levées, n'étaient plus qu'une vaste plaine

---

(1) M. Gauthier, juge de paix, s'est particulièrement distingué par son zèle et son activité. M. Cosnard, maire de Montsoreau, M. Bruneau, son adjoint, M. Lalouelle, maréchal-deslogis de la brigade des gendarmes de Fontevrault, et beaucoup d'habitants de la rive gauche contribuèrent activement au sauvetage de Varennes.

(2) Le bourg d'Allonnes a été complétement inondé. Plusieurs maisons furent submergées, à deux mètres de hauteur; l'église, de quarante à soixante centimètres.

Près du Montoron, commune de Varennes, une jeune fille fut sauvée par sa vache, dont elle avait saisi la corne. Après s'être abîmés plusieurs fois, l'animal et l'enfant arrivèrent heureusement à bord.

d'eau comparable aux mers paludiennes de l'Oréno-
que ou du Paraguay, qu'une chaîne de collines limite
à l'horizon.

## SAUMUR.

Saumur, la coquette et gracieuse ville, si fière des
richesses incomparables de ses vallées, avait tremblé pour son existence. La ruine de la Chapelle, le
débordement du fleuve qui avait lancé son cours au
nord, l'avaient sauvée. D'un côté, la Loire, qui avait
déjà renversé plusieurs maisons dans le quartier de
la Visitation, ébranlait la chaussée du Chardonnet,
et deux courants torrentiels se ruaient dans le quartier Saint-Nicolas par les deux portes du chemin de
halage ; de l'autre, la rivière du Thouet, qui, en
1843, avait rompu la levée d'Enceinte et inondé la
ville, déversait par dessus ses chaussées. Pendant
quelques heures, le danger fut imminent, surtout à
la chaussée de Nantilly, qui, près de céder sous l'effort
du Thouet, refoulé par la Loire, menaçait d'ouvrir
un passage à la masse d'eau énorme qui remplissait
ses vastes plaines et celles de la Dîve. Saumur eut été
anéanti sous le double choc de cette rivière et de la
Loire. Ingénieurs, magistrats, citoyens, prêtres,
avaient réuni leurs efforts et étaient préparés à l'é-
preuve suprême du dévoûment. M. le sous-préfet,
O'Neill de Tyrone, arrivé en poste de Paris, d'où

l'appelait un de ces généreux pressentiments du devoir, ranimait les courages et inspirait à tous son énergique activité ; et, lorsque la Loire eut submergé nos vallées, toutes nos communes inondées reçurent l'impulsion de sa vigueur et la direction de son infatigable prévoyance. M. Louvet, maire de Saumur, que les travaux de l'Assemblée-Législative retenaient à Paris, accourut au milieu de sa famille saumuroise. L'architecte de la ville, M. Joly, montra, comme toujours, dans nos désastres publics, cette ardeur et ce zèle courageux auquel nous aimons à reconnaître un enfant du pays. M. Richard, procureur impérial ; M. Ratouis, juge de paix ; M. de Romilly, capitaine du génie ; M. Morin-Lemonnier, négociant, et une foule d'honorables citoyens se trouvaient aux premiers rangs (1).

Si le fléau épargna la ville de Saumur, elle se montra digne de son bonheur par la généreuse hospitalité qu'elle offrit avec empressement, non-seulement aux inondés de sa circonscription territoriale, mais à un grand nombre de victimes appartenant à un autre arrondissement. Elle prouva qu'elle avait compris l'exemple que lui avaient donné ses premiers magistrats, MM. Louvet et O'Neill de Tyrone. Plusieurs milliers de cultivateurs et plus de vingt mille bestiaux furent reçus à Saumur et dans sa banlieue. M. le mar-

(1) Saumur a admiré le zèle et la belle discipline de 350 jeunes détenus de Fontevrault.

quis de Brézé envoya 3,000 fr. destinés aux premiers besoins des inondés, et offrit un asile à cent paysans et à leurs animaux. Ses bois furent transformés en pâturages et dévastés.

Tous les propriétaires des deux rives ouvrirent leurs bois et leurs landes aux bestiaux des habitants de la vallée.

« J'étais désolé que l'on n'eût rien fait sans moi,
» écrivait M. de Caqueray, du château de la Salle ; je
» regrettais surtout mon absence. Merci, Monsieur
» le sous-préfet, de n'avoir pas dédaigné un ouvrier
» de la dernière heure. . . . . . . . . . »

Chaque maison s'ouvrit au malheur, et l'on vit de pauvres ménages céder un lit unique aux émigrés. Les distributions de vivres et de fourrages furent organisées immédiatement sur une immense échelle. Dans cette circonstance, les soins intelligents de M. Aubry, bibliothécaire de la ville, contribuèrent puissamment à l'organisation de cet important service. Les fermiers et les propriétaires des hautes terres (Doué, Montreuil, Thouars et Vihiers), se montrèrent animés de la plus généreuse pitié : ils mirent aussitôt leurs fourrages à la disposition de l'autorité civile et militaire et cédèrent même gratuitement une partie de leur récolte sur pied. Il fut délivré, aux frais de l'Etat, pour cinquante mille francs de fourrages, et pour soixante mille francs de pain. Le pays doit toute sa reconnaissance à l'administration de la Maison centrale de Fontevrault, dont l'activité sut, en grande partie, subvenir aux besoins de ces malheureuses populations, et à la charité généreuse de son directeur, M. Marquet, qui traversa la Loire et vint apporter des vivres sur la rive droite, aux premiers jours de l'inondation. La prévoyance administrative et la charité privée luttaient de zèle et d'intelligence. Depuis la veille de l'émigration, de saintes femmes, les religieuses de Nantilly, parcouraient les routes et tous les endroits où se trouvaient des travailleurs ou des victimes, et leur distribuaient la soupe, le pain, le vin et l'eau-de-vie. Le jour même de l'inondation, tandis que de jeunes élèves du collège faisaient l'apprentissage du dévoûment, sous la direction de leur honorable principal, M. Chanson, secondé de MM. Raynaud (1) et Plassant, les élèves de la pension de Nantilly apprenaient la charité, sous la conduite de ces vaillantes recluses, qui ne connaissent du monde que les sacrifices et les douleurs. Une colonie de jeunes filles d'émigrés était installée dans l'établissement des Dames de la Retraite, où les pensionnaires remplirent sérieusement, pendant plusieurs semaines, le rôle si doux de mères. Qu'on nous pardonne ces naïfs détails : ils peignent bien l'esprit de la population de Saumur, dans ces jours de triste et noble souvenir.

(1) Ce professeur a contribué très-heureusement au sauvetage de la vallée.

Avant de quitter Saumur, il nous reste à écrire une belle page. Elle exigerait, nous le savons, une autre plume que la nôtre; mais, quelle que soit l'insuffisance de l'écrivain, il est toujours fier d'attacher son nom au récit des grandes actions. Nous voulons parler de l'Ecole de cavalerie de Saumur et du rôle chevaleresque qu'elle a rempli avec tant d'honneur pendant toute la période de l'inondation.

## ÉCOLE DE SAUMUR. SAUVETAGE DE LA BASSE VALLÉE.

La vallée, au-dessous de Saumur, de Longué à St-Martin, a huit kilomètres de largeur. L'Authion, qu'on suppose avoir été l'ancien lit de la Loire, traverse cette vallée en courant parallèlement au fleuve, à deux kilomètres de distance.

Dans la nuit du 3 au 4 juin, les travailleurs de la levée, de Saumur à Saint-Clément, ne pouvant suffire au travail colossal qu'il fallait opposer au débordement de la Loire, sur une longueur de plus de douze kilomètres, réclamèrent le secours de cette grande commune. A l'appel du tocsin et de la générale, tous les hommes valides, tous les véhicules, tous les instruments de travail, furent dirigés, dès sept heures du matin, sur les chaussées de Saint-Martin et de Saint-Clément, avec des vivres pour cette expédition.

A leur tête marchaient le maire, M. Gaudron, et son adjoint, M. Torteil. MM. Cornilleau, juge de paix, Soyer, greffier, Rivière, commissaire de police, Sénil frères, dirigèrent les travaux avec une intelligence égale à leur énergie. Après des efforts prodigieux couronnés de succès sur toute la ligne, un gendarme arriva en courrier annoncer que la levée était rompue à la Chapelle et qu'on eût à préparer le sauvetage. Là, comme à Varennes et dans presque toute la vallée, cette nouvelle ne rencontra d'abord qu'une incrédulité indignée et menaçante. Bien plus, lorsqu'il fut impossible de douter de la réalité du débordement, on se fit une si fausse idée des conséquences de l'irruption de la Loire dans le bassin de l'Authion, qu'on espéra concentrer l'épanchement des eaux sur la rive gauche de cette petite rivière. Des travaux furent entrepris à cet effet, mais bientôt abandonnés devant l'irruption effrayante du fleuve que le faible lit de l'Authion ne pouvait contenir entre ses rives sans élévation. Les travailleurs se trouvèrent dans le plus grand danger : la fuite devint même impossible pour un grand nombre ; ils cherchèrent leur salut à la hâte sur des arbres et les toits des maisons.

Longué, Beaufort, Mazé, étaient rapidement inondés.

Dès le 2 juin, M. le lieutenant-colonel Michaux, chargé du commandement intérimaire de l'Ecole, en l'absence de M. le général de Rochefort et de M. le colonel Schmidt, prescrivit les mesures de précaution que nécessitaient les circonstances : il se conformait aux ordres que la sage prévoyance de M. de Roche-fort avait laissés avant son départ. L'évacuation commença par le manége, le haras, l'école de dressage et l'infirmerie des chevaux. Le lendemain, la Loire était arrivée à 6 m. 30 au-dessus de l'étiage, et, comme elle continuait à grossir, les divisions d'officiers et les escadrons de troupe furent dirigés sur leurs canton-nements respectifs. Ce même jour, toutes les fractions qui composent l'Ecole, se trouvaient à l'abri des eaux dans les communes de Doué, Montreuil, Fontevrault, Bourgueil, Allonnes, Baugé et Beaufort. Il était temps, car, dans la nuit qui suivit le dernier départ, les eaux s'élevaient à 7 m., le plus haut point où, de mémoire d'homme, elles soient jamais parvenues à Saumur. Le lendemain, plusieurs routes se trouvaient interceptées ; la ville et l'Ecole étaient, en partie, inondées. Si le fleuve se maintenait à ce niveau, une catastrophe devenait imminente.

« En effet, » écrivait à M. de Rochefort l'officier supérieur dont nous copions le rapport en ce moment. « dans la nuit du 4 au 5, je recevais la nouvelle que » la levée de la Loire venait de se rompre à la Cha-» pelle, sur une étendue de plus de cent cinquante » mètres, et que les eaux du fleuve envahissaient la » vallée, brisant et entraînant tout sur leur passage. » A cette terrible nouvelle, je montai à cheval, suivi » de quelques officiers qui étaient restés avec moi à

» Saumur, et nous nous portâmes sur la route de la
» Croix-Verte, nous mettant à la disposition des auto-
» rités civiles pour les aider à diriger les premières
» opérations de sauvetage. Nous y restâmes jusqu'à
» ce que toutes les personnes, dont les maisons
» avaient été envahies par les eaux, eussent été sau-
» vées sur ce point. Il faisait un temps affreux, et un
» vent excessivement froid augmentait les souffrances
» de ces pauvres gens obligés d'abandonner précipi-
» tamment leurs maisons et de se réfugier sur les
» levées avec leurs bestiaux et les effets qu'ils avaient
» pu sauver. C'était un spectacle déchirant.

» Le maire m'ayant fait demander le manége et les
» écuries qui n'avaient pas été complètement inon-
» dés, je m'empressai de les mettre à sa disposition.
» C'est là que vinrent se réfugier la plus grande par-
» tie des inondés qui, sans cette ressource, fussent
» restés sans asile et exposés à l'inclémence du temps.
» Beaucoup y sont encore (10 juin). »

La grande œuvre du sauvetage embrassait toute
notre vallée, dans une étendue de soixante-quatorze
kilomètres, de Bourgueil à Beaufort et à Mazé. Le
sous-préfet de Saumur y avait envoyé plus de trois
cents bateaux.

C'est ici que nous placerons sous les yeux du lecteur quelques documents qui constateront une fois de
plus ce que nous savons tous en France : que si notre
brave armée est la première du monde, quand il

s'agit de défendre l'honneur de la patrie, c'est encore dans ses rangs qu'il faut chercher les hommes les plus généreux et les plus magnanimes au milieu de nos calamités publiques.

A Bourgueil, les sous-officiers d'artillerie, sous les ordres du capitaine Archambaud, rendirent les plus importants services en contribuant au sauvetage, en organisant l'ordre et la discipline dans la confusion et le pêle-mêle inévitables des premiers jours, sur cette commune et sur celle de la Chapelle-sur-Loire. Pendant quatre jours, ils ne quittèrent pas leurs vêtements et n'eurent pour lit qu'une poignée de paille.

Nous transcrivons quelques notes concises et énergiques comme des bulletins de bataille : elles perdraient leur couleur dans un récit.

« L'inondation gagne Beaufort ; la ville est encom-
» brée de fermiers et de bestiaux.

. . . . . . . . . . . . . . . . . . . . . . . . .

» Mes officiers sont d'un grand secours à la localité :
» un service d'ordonnances, de rondes et de sûreté
» publique a été organisé. Ils surveillent les distribu-
» tions de pain aux habitants ; ils dirigent les travaux
» de sauvetage dans les campagnes ; ils opèrent les
» réquisitions de grains : le zèle et le dévoûment de
» ces messieurs sont complets.

» J'ai suspendu tout travail. Chaque officier marche
» à tour de rôle ; ceux dont les chevaux sont indispo-

» nibles, font leur service à pied. Les cavaliers ne
» quittent pas les écuries, tenant les chevaux prêts à
» partir dans toutes les directions. Nous sommes sur
» pied depuis trois heures et demie, et je crois qu'il
» nous faudra passer la nuit pour sauver, malgré eux,
» les malheureux qui s'obstinent à rester dans leurs
» greniers.

  » 5 juin.    Capitaine HUMBERT. »

 « L'inondation continue à faire de grands ravages.
» Les secours portés à temps ont empêché de grands
» malheurs. Plus de cinquante personnes ont été re-
» cueillies à plusieurs kilomètres, au milieu des eaux
» qui nous entourent, à trois mètres de hauteur en
» moyenne.

. . . . . . . . . . . . . . . . . . . . . . . . .

 » Trente-huit officiers ont accompli leurs dangereu-
» ses missions avec le plus grand bonheur. Nous
» avons déjà reçu 30,000 kilogrammes de farines.

 » On annonce une baisse sensible dans la Loire,
» mais le débordement augmente; je crois que toute
» la partie basse de la ville sera submergée. Les ba-
» teaux ne nous manquent pas. Nous avons encore
» un grand nombre de misérables à sauver, malgré
» eux; ils ont refusé de sortir de leurs greniers, et
» leurs maisons s'écroulent. Dans quelques endroits,
» les toits ont disparu. La désolation est partout à son
» comble.

  » 6 juin.    Capitaine HUMBERT. »

« Nous avons préservé, conjointement avec les au-
» torités locales, les populations de la vallée d'une
» perte inévitable. Plus de cent personnes ont été
» sauvées à l'aide de barques que montaient nos offi-
» ciers. Je suis heureux de signaler particulièrement
» la courageuse conduite de MM. Hoquet, Blot, Gros,
» Delavau, Graff et Leloutre.

    » 7 juin.

« Le sauvetage continue. J'apprends malheureuse-
» ment la perte de plus de trois cents chaumières qui
» se sont écroulées : personne n'a péri. Nos braves
» soldats qui n'ont pu être utilisés que dans le ser-
» vice de nuit, ont imaginé de distribuer une partie
» de leurs soupes aux inondés. Je me suis empressé
» de concourir, avec mes officiers, à cette bonne
» œuvre.

    » 8 juin.      Capitaine HUMBERT. »

« Longué, 6 juin, 9 heures du matin.

» L'inondation couvre subitement les parties les
» plus déclives de la vallée. Un grand nombre
» d'hommes, mais surtout des femmes et des enfants,
» se réfugient dans les greniers; d'autres, surpris
» dans les champs, n'ont d'autre refuge que les ar-
» bres... Je me porte au galop sur les lieux, où déjà
» dix hommes du détachement se font remarquer par
» leur intrépidité. L'inondation croît avec une rapi-
» dité effrayante.

» 2 heures.

» Pincher, Rieux, Ribert, Fracque, Couvreux,
» Saintiez et Xardelle, aident à sauver la vie à plus
» de trente personnes. J'ai toutes les peines du monde
» à les faire rentrer. Deux bateaux de sauvetage ont
» coulé. Le cavalier Saintiez manque : emporté par
» son courage, il a été surpris par l'eau dans une
» sapinière.

» 4 heures.

» Je me décide, avec le capitaine de gendarmerie,
» à pousser une reconnaissance pour avoir des nou-
» velles de Saintiez. J'apprends qu'il est au loin, dans
» un bateau, aidant à sauver toute une famille. La
» plupart des bateaux sont coulés. Enfin, à six heu-
» res, Saintiez rentre.

» Capitaine POLLARD. »

Les autorités civiles de Longué et de Beaufort,
l'administration de Baugé, et particulièrement M. le
sous-préfet de cet arrondissement se sont distingués
par leur zèle et leur prévoyante activité.

Les extraits que nous venons de donner sont bien
incomplets, sans doute, mais comme on y lit bien
l'abnégation stoïque du soldat et l'héroïsme de l'homme
de cœur ! D'autres ont payé un large tribut d'éloges
aux braves militaires de tout grade, qui composaient
les détachements de l'Ecole de cavalerie de Saumur ;
la reconnaissance du pays gardera ces pages élo-

quentes et le souvenir de ces éloges si bien mérités. Nous, pour que l'histoire de notre Anjou conserve la mémoire du modeste travail que nous avons entrepris, nous nous sommes bornés à enregistrer fidèlement les nobles bulletins de la campagne.

A côté de cette brillante élite, nous citerons M. Renaud, médecin à Beaufort, qui, aux heures les plus périlleuses du sauvetage, paya vaillamment de sa personne. Nageur aussi infatigable qu'intrépide, il sauva un grand nombre de malheureux surpris par l'inondation, ou qui avaient imprudemment refusé de quitter leurs habitations.

M. l'abbé Béziot, qui, dans plusieurs circonstances difficiles, s'était fait remarquer par un zèle et une charité inépuisables, eut le bonheur de sauver un pauvre vieillard qui s'était réfugié sur un arbre. Cet infortuné était à bout de forces, lorsque M. l'abbé Béziot parvint à la nage jusqu'à lui.

M. Chapin, notaire, arracha un grand nombre de victimes à la mort, en se jetant plusieurs fois bravement dans les flots.

M. Benoît, receveur de l'enregistrement, s'honora par un dévoûment semblable; M. Alzon, Louis, cantonnier de la Loire, et M. Ernult, conducteur des ponts-et-chaussées, s'élancèrent dans un torrent furieux et parcoururent plus de quatre cents mètres à la nage, pour sauver plusieurs personnes dont l'embarcation venait de couler.

Mais que de courages obscurs ; que d'héroïsmes à jamais ensevelis dans le silence modeste de la conscience ! Intrépides travailleurs, mariniers, gendarmes, fonctionnaires, ont lutté de généreuse ardeur avec une telle égalité de courage, que l'heureux historien pourra remplir un jour sa tâche envers le pays par ces trois mots seulement : Tous ont fait leur devoir !

Toutefois, pourrions-nous passer sous silence un de ces traits antiques qu'on croirait emprunté aux grands jours de la foi et de la charité de l'église primitive ? Ici, la simplicité du sublime s'élève au-dessus du dramatique le plus habilement combiné, au-dessus du plus éclatant héroïsme.

C'était au moment où Longué voyait ses florissantes campagnes s'abîmer sous les eaux : tout fuyait. Le danger était partout ; une minute d'hésitation pouvait rendre tout salut impossible. La route que l'œil avait mesurée était soudainement transformée en gouffre ou en cataracte. Quinze personnes, entassées sur une misérable charrette, se hâtent de devancer le flot, dont la marée montante couche les moissons, fait craquer les arbres, ébranle, avant de les submerger, les pauvres chaumières. — Fuyez le fléau de Dieu ! s'écrie M. Massonneau, le digne pasteur de Longué. — Il est au milieu d'elles, il les encourage et les soutient de toute la force de sa foi. Tout-à-coup, la charrette chancelle, s'enfonce et va sombrer dans le torrent qui roule avec fureur. Un long cri d'horreur et d'épouvante retentit au loin. Debout dans la foule de ces malheureuses victimes, le prêtre du Christ étend la main sur elles, les regards élevés vers les cieux. Tous les fronts s'inclinent : la plainte et les gémissements ont cessé, et vers Dieu montent seuls les accents résignés de l'espérance chrétienne. Le prêtre récite d'une voix calme les prières sublimes des agonisants et prononce les paroles sacramentelles de l'absolution *in extremis*.

La Providence envoya des dévoûments à leur secours, et le prêtre put dire comme le Christ : Seigneur, je n'ai laissé périr aucun membre du troupeau que vous m'avez confié.

Quelle voix a dit qu'il était temps de démolir ce vieux catholicisme décrépit? De grâce, que mettriez-vous à la place? Oh! si, comme nous, vous aviez vu nos prêtres, nos religieuses, nos populations, en face de Dieu!

Saint-Martin-des-Levées, Saint-Clément, les Rosiers, la Ménitré, n'offraient plus, à la place de leurs riches cultures, de leurs vergers délicieux, que l'aspect d'une mer fangeuse dont l'œil désolé n'apercevait point le rivage. Celui qui a parcouru la levée au-dessous de Saumur, avait à sa gauche, le fleuve, dans sa terrible majesté, dont les flots battaient à sa base cette magnifique chaîne de collines ondoyantes, si fameuse dans les fastes archéologiques du vieil Anjou. De ce côté, du moins, la nature était belle toujours,

malgré ses terreurs. Mais, de l'autre côté, à droite;
au loin, plus loin encore, une marée houleuse, couverte de débris flottants, d'arbres déracinés, et, par
intervalle, quelques toits dont les pignons ressem-
blaient à des écueils. Et pourtant, grâce au concours
infatigable des administrations et d'une foule de citoyens, le pays compta un si petit nombre de victimes qu'on a peine à s'expliquer ce bonheur. Cinq
personnes cependant périrent à Saint-Martin, et trois
d'entr'elles dans d'horribles circonstances.

Un vieillard paralytique se trouvait seul avec sa
femme très-avancée en âge. Autour d'eux tous avaient
fui (1). Le flot envahit le rez-de-chaussée et monte
avec rapidité. La pauvre vieille se traîne jusqu'à l'é-
tage supérieur, mais sa faiblesse ne lui a pas permis
d'emporter le malheureux paralytique. Elle crie, elle
appelle en vain... Sa voix est étouffée par le bruit des
flots. Longtemps elle entendit les gémissements du
malade et les râlements de son agonie. Puis un silence lugubre lui apprit que la mort était sous ses
pieds (2).

Près de Boumois. un paysan veut sauver ses bestiaux : il court à l'étable, sa femme le suit. Mais déjà
le flot les atteint, s'élève et ferme sur eux la porte de
leur tombeau. On les retrouva huit jours après, te-

(1) On a assuré qu'ils avaient refusé de quitter leur chaumière.

(2) Cette femme fut sauvée le jour même.

nant encore à la main la corde qui attachait leurs
animaux.

On doit regretter que dans cette journée sinistre,
les deux communes de Saint-Martin et de Saint-Clément se soient trouvées privées de l'initiative et de
l'autorité de leurs maires retenus par une maladie.
Le péril fut grand sur plusieurs points : d'après les
rapports officiels, trois cents mètres de banquettes
furent ruinés par la Loire; mais l'énergie et les bras
ne firent défaut nulle part. De nouvelles banquettes,
des terrassements furent improvisés sous la direction
de M. Daviau, employé des ponts-et-chaussées, et les
travailleurs montrèrent généralement le sang-froid et
l'intelligence des hommes les plus exercés.

Nous devons rappeler la conduite courageuse et si
noblement désintéressée de M. Baudrier, maire de
Chenehutte-les-Tuffeaux, qui, à l'âge de soixante-cinq
ans, traversa, le premier, la Loire, sur une frêle
embarcation. Sa population de bateliers le suivit et
rendit les plus grands services dans la vallée. M.
Baudrier, dans l'absence du maire de Saint-Martin,
accepta la responsabilité des travaux et du sauvetage.
Il eut un beau moment d'intrépidité et de sang-froid
en présence de M. le sous-préfet de Saumur. L'eau
arrivait avec violence entre la levée sur laquelle est
construite la voie ferrée et le bourg de Saint-Martin.
Un nombre considérable de fermiers de la vallée se
trouvaient, avec leurs bestiaux, sur le chemin de
fer et n'osaient traverser le torrent. La peur les avait

paralysés. Tout-à-coup le maire des Tuffeaux, s'appuyant sur un bâton, s'élance au-devant d'eux, traverse le courant impétueux et décide la marche de ces malheureux. Deux heures après, le torrent avait plus de deux mètres de profondeur, et était devenu infranchissable même aux embarcations (1).

Aux Rosiers, un ordre, une discipline admirable épargna bien des malheurs; cette commune n'éprouva que les désastres inévitables que ne pouvaient conjurer la prévoyance et les forces humaines. Le maire, M. Tessié de Lamothe, et M. Boutin-Desvignes, son adjoint, se sont acquis des droits à la reconnaissance éternelle de leur pays. Rien ne fut abandonné au hasard, à l'imprévu. Longtemps avant que la Loire eût atteint, dans son débordement, le territoire de cette commune, la brave marine de la rive droite, à laquelle s'était réunie spontanément celle de la rive gauche, était à son poste. C'était vraiment un beau spectacle. Une flottille de bateaux de sauvetage avait été amenée par mille bras robustes, et rangée dans une disposition habilement calculée, sur les chaussées, sur les places, aux Rosiers et à la Ménitré : chaque équipage, près de son bord, attendait le signal pour lancer son embarcation et commencer l'œuvre de la Providence. Ce sang-froid,

(1) M. de Glaude, ingénieur, M. Couet, conducteur des ponts-et-chaussées, et M. Ragueneau, instituteur, ont montré à Saint-Clément autant d'activité que de résolution.

cette résolution intelligente excita l'admiration de toute la ligne, jusqu'aux portes d'Angers. Si la nature, implacable dans ses fureurs, prouvait à l'homme sa faiblesse et son impuissance, l'homme, à son tour, témoignait qu'il peut toujours, par la magnanimité et la fraternité chrétiennes, annuler sa rage aveugle, sinon la dompter. Sur aucun point de la France, le cataclysme de 1856 n'a sévi avec plus de furie que dans la vallée de la Loire ; le chiffre du désastre est incalculable ; des milliers d'habitations et de chaumières ont été détruites : cependant on aurait peine à compter une dizaine de victimes sur une étendue de territoire de plus de soixante-dix kilomètres de longueur, qui atteint, en certaines parties, six kilomètres et au-delà de largeur. Certes, c'est là le plus bel éloge que l'histoire puisse faire, un jour, de la sagesse des administrations et du courage des citoyens.

A la Ménitré, l'organisation du sauvetage avait été commencée, le mercredi 4 juin, c'est-à-dire plus de vingt-quatre heures avant l'envahissement des eaux, qui n'eut lieu que le lendemain, à onze heures du soir. Les descriptions qu'on a données avant nous, et que nous donnons nous-mêmes, sont vraies, au-dessous même de la vérité, pour les localités de la haute vallée; mais les appréciations des dangers et les peintures des lamentables sinistres de la basse vallée, n'ont pas toujours été, nous sommes heureux de le constater, étudiées avec tout le sang-froid désirable. Si nous devons juger, avec la précision historique, les premiers documents accueillis par la presse, à cette époque, nous sommes obligés de reconnaître que ces notes, dictées par l'épouvante et les émotions fiévreuses du moment, ont dépassé les réalités, si effrayantes qu'elles aient été, de ces fatales journées. Il est vrai de dire que, en général, dans la basse vallée, les administrations prévoyantes, prévenues, longtemps à l'avance, de la marche du fleuve, étaient toutes préparées à combattre le fléau de l'inondation. On ne pouvait être surpris sur aucun point, sans une faute grave, dont la responsabilité fût tombée sur les hommes que leurs fonctions chargent, dans ces circonstances redoutables, des destinées du pays. Ce que nous disons ici de la Ménitré, doit s'appliquer à toute la basse vallée. Tant qu'il y eut quelque espoir de contenir la Loire dans son lit, les chaussées furent défendues intrépidement; et, lorsque cet espoir fut perdu, on procéda immédiatement au sauvetage après en avoir calculé toutes les chances. On a parlé d'une panique qui aurait, un instant, laissé sans défense la levée de la Ménitré ; on a cité, à cette occasion, la vaillante conduite du curé, M. Robineau. On a écrit que ce courageux pasteur, déployant une énergie singulière dans cette déroute générale, avait ramené les travailleurs sur la brèche, et sauvé ainsi le bourg de sa ruine. L'épisode est beau ; mais il n'est pas exact. Heureusement c'est là un de ces faits grossis par la peur et accueillis sous des impressions que le lecteur apprécie. Ce qu'il y a de vrai dans cet épisode, c'est que là, comme sur un grand nombre d'autres points, les banquettes, mal construites ou en mauvais état, s'écroulèrent dans la Loire, et laissèrent ainsi la chaussée à découvert. Que cet incident ait inspiré quelque inquiétude, de l'hésitation même, on ne peut le nier. Mais des centaines de travailleurs restèrent sur la brèche, opposèrent des terrassements et de nouvelles banquettes au fleuve, et la Ménitré n'a point à se reprocher un seul instant de honteuse défaillance ou de désertion. Cette rectification faite, nous dirons aussi qu'à la tête des plus dévoués se montra constamment M. Robineau, curé de la Ménitré. Nous savons que ce digne pasteur se conduisit avec le véritable héroïsme de l'apôtre. Attelé aux charrettes, ou la pioche à la main, il ne cessa de donner l'exemple de la plus parfaite abnégation et du plus chaleureux élan; son zèle et sa charité ne furent pas moins dignes d'éloges dans le sauvetage.

Le maire, M. Pelé, se montra aussi habile administrateur que courageux citoyen, et M. Pelé fils sut encore faire honneur à son nom. Nous ne devons point omettre de signaler la belle conduite de M. Delaunay, négociant, de Saumur, dont l'entraînement fit faire des prodiges aux travailleurs, et celle de M. Gaultier, maçon, qui fut magnifique dans un moment difficile, où un éboulement avait mis la chaussée en péril. M. Chouanière, sous-maître à l'école de la Ménitré, a rivalisé de zèle avec les plus dévoués, et s'est constamment trouvé à la tête des travailleurs.

## SUITE DE LA BASSE VALLÉE.

## LES ARDOISIÈRES DE TRÉLAZÉ.

Nous avons dit que si les Rosiers et la Ménitré eurent à subir presque toutes les misères de la haute vallée, ces deux communes échappèrent du moins aux épouvantes de l'invasion subite du fleuve et à toutes les horreurs que peuvent conjurer le courage et la prévoyance d'une administration éclairée et d'une énergique population. Il en fut de même à Saint-Mathurin et à la Bohalle, et leur situation dut être moins déplorable encore : ces communes étaient averties depuis plus de deux jours, et la prudence put combiner toutes les mesures de sauvetage. Nous nous garderons donc d'assombrir ici le tableau si effrayant déjà de nos désastres. Là, comme partout, il est vrai, un fleuve dévastateur a porté ses ravages, a renversé les habitations, ruiné l'agriculture ; mais, grâce à Dieu, nous ne retrouvons point, au même degré, ces terreurs de l'homme, ces spectacles déchirants que nous avons décrits plus d'une fois, en frémissant, et qui ont fait de l'inondation de la Loire, dans la vallée supérieure, un des plus terribles drames de son histoire.

Comment pourrions-nous cependant ne pas citer les deux admirables pages dans lesquelles M. Tavernier a décrit l'invasion formidable de la Loire dans les ardoisières de Trélazé? De telles pages ne s'écrivent qu'une fois, et nos lecteurs nous sauront gré de les avoir empruntées à cet écrivain.

« Le malheur que l'on redoutait, a eu lieu, sans qu'aucune force humaine ait pu le prévenir ou du moins l'atténuer. Nos magnifiques carrières d'ardoises sont inondées aujourd'hui, et l'infiltration des eaux a tellement affouillé et bouleversé le sol, que l'on a cru devoir, par mesure de précaution, en interdire l'approche aux curieux. Samedi, on pouvait les visiter encore. Déjà le plus grand nombre des puits étaient submergés, et la Loire venait seulement d'envahir celui des Petits-Carreaux. A une grande distance, et longtemps avant de l'apercevoir, on entendait mugir le torrent. Nous étions partis d'Angers, au nombre de cinq ou six, dans le but d'explorer les carrières qu'on nous avait dit être comblées déjà depuis plusieurs heures. Quand nous eûmes gravi les monticules qui entourent celles des Petits-Carreaux, un spectacle, bien douloureux sans doute, mais d'une grandeur et d'une majesté incomparables, s'offrit à nos regards. La Loire se précipitait dans la carrière d'une hauteur de cent pieds, et la nappe d'eau, bondissant sur les aspérités du roc, ressemblait à une immense traînée de poussière et d'écume. Des bruits sourds, des craquements intérieurs se mêlaient au roulement de la cataracte, le sol tremblait sous nos pas.

» Autour de l'ouverture du gouffre, on voyait, de minute en minute, se former de longues fissures qui s'élargissaient à vue d'œil. Il était évident que les masses énormes de schiste cédaient à la pression du fleuve, et ne tarderaient pas à rouler dans l'abîme. On fit retirer les groupes qui se pressaient sur le bord même de la carrière, sans comprendre quels dangers ils couraient. Nous fûmes nous placer sur une éminence, en face de la partie qui menaçait ruine. Au bout de quelques instants, une crevasse perpendiculaire ouvrit le rocher de bas en haut. Des perrayeurs, attirés comme nous par la nouveauté de cette terrible scène de destruction, nous avertirent que le bloc allait se détacher. Il y eut un moment d'attente inexprimable, où l'émotion semblait nous clouer sur le sol. Un dernier craquement se fit entendre. Nous vîmes alors un quartier de roche, haut de soixante pieds peut-être et d'une grosseur prodigieuse, se pencher lentement au-dessus du gouffre. Le poids incalculable de ce géant de pierre l'affermissait sur sa base et retardait sa chute. Une ou deux secondes s'écoulèrent ainsi. Des nombreux spectateurs, qui entouraient la carrière, pas un ne proférait une parole; on respirait à peine, tout le monde était muet de stupeur.

» Rien ne saurait peindre, au reste, l'effet de cette épouvantable chute. Une gerbe colossale, dont le périmètre embrassait toute l'étendue de la carrière, s'élança du fond de l'abîme et jaillit jusqu'au sommet. Le cœur nous battait avec force, et nous nous reculâmes involontairement de quelques pas. L'agitation des eaux était effrayante. Les vagues se ruaient les unes sur les autres et venaient arracher, à des hauteurs extraordinaires, les échelles appliquées aux flancs du rocher. D'autres chutes se succédèrent à quelques minutes d'intervalle, et nous nous reprochions les cris d'admiration que ce sublime et incomparable spectacle nous arrachait malgré nous.

» La Porée fut comblée la première ; les eaux gagnèrent ensuite l'Ermitage ; enfin elles arrivèrent jusqu'au pied des buttes qui entourent les Grands-Carreaux.

» Là, en face des obstacles accumulés par la science et le dévouement, elles semblèrent redoubler de rage, s'élevèrent avec une rapidité prodigieuse, et bientôt la foule, qui garnissait les autres bords de l'immense ouverture, fut saisie d'une horrible admiration à la vue de ce fleuve furieux qui, surmontant la dernière crête des remparts qu'on lui opposait, décrivit une courbe immense et s'engouffra dans l'abîme, en broyant, comme paille, les quartiers de roc qui dépassaient les parois, et en retentissant comme le plus formidable des tonnerres.

» Il a suffi de quelques instants pour remplir jusqu'aux bords ce gouffre de deux cents pieds, large

comme le Champ-de-Mars et profond comme une cathédrale est haute, pour anéantir cette œuvre merveilleuse, fruit de tant de labeurs et de sollicitude. Au
bruit de la chute d'une cataracte telle que n'en a jamais vu même le Nouveau-Monde, se mêlaient des
sifflements lugubres et comme désespérés. Ils venaient
du puits des galeries, dont la porte de communication
avec la carrière avait été réduite en poussière au premier contact du fleuve dans sa chute. Le sol oscilla,
comme par un tremblement de terre, quand le torrent
s'engouffra dans les galeries avec une sorte de joie furieuse, et tous les spectateurs épouvantés se retirèrent à la hâte, car ce n'était plus que folie de braver
ces convulsions de la nature et ces éléments déchaînés.

» On se retirait, mais le cœur navré, en répétant
les épisodes désolants de la catastrophe qui arrache
le travail à des milliers de braves ouvriers, dont les
derniers efforts pour vaincre un ennemi invincible,
ont été admirables.

» On se lamentait surtout sur la ruine momentanée, nous y comptons bien, de ces Grands-Carreaux,
l'orgueil de nos perreyeurs, que les étrangers visitaient
avec tant d'intérêt. A la nouvelle de l'immersion de ces
chantiers d'une magnifique exploitation, il n'y a eu
qu'un cri dans notre ville, celui d'une sincère affliction et d'une profonde sympathie pour nos carrières,
dont nous étions si fiers à juste titre, car cette industrie traditionnelle, la plus considérable de notre pays,
est intimement liée aux sentiments angevins. »

# ADMINISTRATION DU CHEMIN DE FER.

Nous avons déjà parlé incidemment de l'initiative généreuse de l'administration du chemin de fer dans les funestes journées de juin et du zèle courageux de ses employés. Nous croyons que le pays reconnaissant lira, non sans intérêt, quelques notes que nous avons recueillies sur la coopération active et les services de cette administration.

Lorsque la Loire menaçante jeta l'effroi dans nos populations riveraines, de Tours à Angers, l'administration songea, non-seulement à faire face aux plus redoutables éventualités, mais à disposer, pour la défense commune, de toute la puissance de ses moyens d'action. Les deux services, distincts et indépendants, en temps ordinaire, de l'exploitation et de la traction, furent immédiatement réunis et subordonnés au service des ingénieurs. Les graves préoccupations que devaient exciter les immenses intérêts qui lui sont confiés, loin d'absorber ses efforts, firent place, on s'en souvient, à la plus généreuse sympathie et au plus honorable désintéressement. MM. Ratel, ingénieur de l'arrondissement du sud-ouest (d'Orléans à Bordeaux), et Lemercier, ingénieur principal pour tout le réseau d'Orléans, ne quittèrent pas un instant cette grande ligne et se montrèrent

constamment au milieu des travaux. Ces fonctionnaires ne se bornèrent pas à une action individuelle,
si grande qu'en fût l'importance. Tous leurs inspecteurs, avec leurs employés, tous les travailleurs, avec
leur matériel, furent mis à la disposition des communes. L'abnégation et le dévoûment furent complets. Ce nombreux personnel fit fusion avec le service des ponts-et-chaussées et le service spécial de la
Loire, déjà combinés; cette triple action fut habilement concentrée, et leurs efforts réunis concouru-
rent simultanément à la défense de nos chaussées.
Ingénieurs, inspecteurs, chefs de district, tous,
rivalisant de zèle, parcouraient la ligne, suivant leur
juridiction, visitaient les points en péril, encourageaient, dirigeaient les travailleurs. Lorsque la voie
fut interceptée, rompue par le débordement, leur
concours ne fit point défaut au pays, et, à travers
les plaines inondées ou sur les tronçons des chaussées, ils se portèrent constamment partout où leur
présence et leur habileté purent relever le courage ou
guider les efforts des travailleurs.

La reconnaissance des populations a placé au premier rang MM. Louis et Adrien Faye : le premier,
inspecteur de la voie de Tours à Nantes, et le second,
de Paris à Orléans. Dans cette grave circonstance,
M. Adrien Faye fut envoyé à Saumur avec des pouvoirs
illimités : l'administration avait concentré tous les
services sous sa responsabilité personnelle. M. Faye
se montra à la hauteur de sa mission : tout éloge se-

rait au-dessous du zèle et de l'activité prodigieuse qu'il déploya. Surveillant toutes les parties du service, et spécialement la télégraphie et la correspondance, qu'il faisait le plus souvent en personne, il eut le bonheur d'être admirablement secondé par le chef de district, M. Pinçard, chargé des travaux. Egalement infatigables, ils passèrent sept nuits dans les rudes veilles de l'anxiété et d'un travail incessant, animant cette ligne immense de leur invincible énergie. Honneur à ces deux généreux citoyens! Nous souhaiterions que le pays entier eût écrit cette ligne, car nous l'avons recueillie de toutes les bouches.

MM. Fougeray et Rabier, chefs de districts, ont vaillamment fait leur devoir, et, pour être justes, nous devrions citer tous les fonctionnaires, tous les employés de l'administration. Qu'on nous permette ici une réflexion qu'appelle le sujet même que nous traitons en ce moment. Nous avons tremblé plus d'une fois, nous l'avouons, en parcourant les nombreux documents qui nous sont parvenus : nous craignions de nous trouver placés entre le blâme qui répugne à notre plume, et le silence accusateur de l'écrivain, lorsque nous songions à cette foule d'hommes placés à toutes les hauteurs hiérarchiques, qu'a mis en scène cette terrible catastrophe. Nous sommes heureux de le dire hautement : jamais les hommes ne nous ont paru plus grands, plus incomparables de dévoûment et de courage, que dans cette grande épreuve à laquelle la Providence a soumis notre pays.

Tout le monde sait qu'il y eut, sur divers points de notre vallée, après la rupture de la levée de la Chapelle, une funeste hésitation, une incrédulité fatale, qui ont compromis de grands intérêts, amené d'épouvantables dangers et entravé le sauvetage : la responsabilité en est ailleurs, et l'administration du chemin de fer ne négligea rien pour répandre à temps une alarme salutaire. Quarante-cinq fois, M. Pinçard, de Port-Boulet à Saumur, répandit cette effrayante nouvelle, à tous les passages, dans tous les groupes ; et si des populations entières furent surprises par l'invasion du fleuve ; si des masses de travailleurs ne purent parvenir à leurs habitations qu'en courant les plus grands dangers ; si les pertes mobilières surtout furent énormes, de ce côté, on fit religieusement son devoir, et nul blâme n'en doit remonter à l'administration.

Le 8 juin, lorsque le cours du débordement fut réglé, l'administration commença avec activité à rétablir les communications de la ligne ; elle nourrit elle-même les travailleurs qui recevaient 3 fr. et 3 fr. 50 par jour ; les femmes et les enfants recevaient 1 fr. 80 (1). Dans cette circonstance, l'administration dé-

(1) A la Chapelle, d'abord, et depuis, dans presque dans toutes les communes riveraines, l'administration a fait remettre des sommes importantes destinées aux victimes des inondations.

fendait sa position financière : elle perdait plus de 40,000 francs par jour, dans le seul parcours de Tours à Angers.

La voie était ravinée, ébréchée sur une infinité de points, de la Chapelle à Saumur. Cinq ponts provisoires furent établis pour le passage des eaux, aux pentes les plus déclives du sol. Du 1er au 6 juillet, seulement, plus de quinze mille mètres furent remblayés et redressés sur la voie.

## DÉPÊCHES TÉLÉGRAPHIQUES.

Nous avons eu la pensée de coordonner un certain nombre d'extraits intéressants des dépêches télégraphiques, du 3 au 6 juin. La première ouvre la série lamentable des lugubres péripéties par lesquelles a passé notre pays, et commence à l'inondation de Langeais, au point culminant de notre haute vallée; la dernière s'arrête au moment où le débordement de la Loire atteignit Longué, Beaufort et toute la basse vallée. Cette page sera, pour ainsi dire, le cadran mathématique, fatal, sur lequel l'aiguille électrique inscrira les heures de nos désastres et la marche inflexible du fléau.

3 *juin*.

7 heures 40′ *du matin*.

On a cessé de correspondre, dans la nuit du 2 au 3, entre Tours et Saumur.

Les poteaux sont renversés entre Cinq-Mars et Savonnières.

7 heures 57′.

Un train est parti, emmenant des travailleurs à Langeais.

8 heures 9′.

Le télégraphe est brisé à Langeais.

10 heures 40′.

A la Bonde, à la Grenouillerde et à Planchoury, l'eau passe par dessus les digues.

4 heures 40′ *du soir*.

La voie est interrompue entre Savonnières et Cinq-Mars. Le train 192 a été obligé de revenir de Cinq-Mars à Langeais pour se garer.

6 heures 29′.

Le pont de la Roche, ainsi que les poteaux, est écroulé à Langeais. L'eau est sur la voie.

10 heures 49′.

Langeais est inondé.

11 heures 4′.

La ligne est coupée à Planchoury.

*4 juin.*

3 heures 12′.

La Chapelle demande des ordres et des secours à Saumur , si la digue crève.

3 heures 55′.

On ne peut défendre la levée de la Chapelle.

4 heures 28′,

On désespère de Planchoury, à la Chapelle.

5 heures 40′.

La Loire a envahi la Chapelle. Les habitants sont sans abri. Tous les efforts sont inutiles. Envoyez des voitures.

6 heures 52′.

M. Pinçard retourne à la Chapelle. Il va voir si l'eau gagne la ligne.

## 7 heures 25′.

La levée et la ligne sont coupées. M. Pinçard se sauve devant l'eau qui inonde la vallée. Il prévient les gardes sur son parcours, à son passage.

## 8 heures 50′.

M. Pinçard rentre à l'instant de la Chapelle. La voie est coupée jusqu'au port de l'Ableuvoie. La vallée est complètement inondée entre la Chapelle et Port-Boulet. Les habitants ont été prévenus à chaque passage.

## 9 heures.

(Angers à Saumur). Par suite de la rupture de la levée à la Chapelle, devons-nous craindre que l'inondation ne gagne jusqu'aux Ponts-de-Cé ?

## 9 heures 5′.

M. Faye jeune, est allé à Port-Boulet. L'opinion de M. Pinçard est que la Loire prendra son cours par la vallée de l'Authion.

## 9 heures 41′.

(Angers à Saumur). Dites à toutes les stations de prévenir dans les habitations et dans les bourgs.

## 9 heures 54′.

(Saumur à Angers). Une large brèche est ouverte dans la levée de la Chapelle. L'eau se dirige dans la vallée de l'Authion. Faites prévenir les populations du désastre qui arrive.

6.

11 heures 51ʹ.

(Saumur à Angers). M. Bazin part pour Angers, à 11 heures 30ʹ, avec un train spécial. La Loire croît toujours. Elle a sept mètres cinq centimètres. Encore quelques centimètres, et nous serons debordés sur toute la ligne.

2 heures 47ʹ *du soir*.

(Saumur à Angers). La Loire est étale.

3 heures 30ʹ.

(Saumur aux Rosiers). Pour Saint-Clément, à M. Couet (1). L'échelle, qui marquait 6 m. 98, au pont de Cessart, à 10 heures du matin, ne marque plus, à 3 heures du soir, que 6 m. 94.

4 heures 39ʹ.

(Saumur à Angers). La Loire a baissé de 0,06 c. depuis midi. Un renard assez abondant vient de se déclarer dans la levée du Chapeau. Nous espérons le maintenir.

4 heures 48ʹ.

(Varennes à Saumur). L'eau est à deux cents mètres de la station, et va nous obliger à quitter le pays.

8 heures 30ʹ.

La Loire est à 6 m. 81.

_____

(1) M. Couet a rendu d'immenses services à la commune de St-Clément, où il dirigeait les travaux.

9 heures 14'.

Faites prévenir les habitants de la levée de Saint-Martin que l'inondation, partie de la Chapelle, est arrivée à la Ronde, à deux mètres de hauteur.

Nous nous arrêtons à la date du 5 juin, où commencent les bulletins de l'Ecole de cavalerie, que nous avons donnés plus haut.

## BRÈCHES DES LEVÉES DU CHER ET DE LA LOIRE

### PRODUITES PAR LA CRUE DU FLEUVE.

Dans tout son parcours, la rivière du Cher n'a rompu ses digues que sur deux points, ces brèches ayant une largeur totale de soixante-dix mètres et une hauteur moyenne de deux mètres trente cent.

Sept autres ruptures ont été produites par la Loire elle-même, depuis Tours jusqu'à l'embouchure du Cher, dans les chaussées de cette rivière.

EN VOICI LE TABLEAU :

| | | | Longueur. | Hauteur. |
|---|---|---|---|---|
| Brèche de la gare du Canal, | 3 juin, | 4 h. soir, | 60 ᵐ. | 11 ᵐ. |
| Brèche du pont de la Gare, | 3 — | minuit, | 75 — | 10 |
| Brèches des levées du Canal, | 3 — | 11 h. soir, | 310 — | 1  40 |

| | | Longueur. | Hauteur. |
|---|---|---|---|
| Brèches de la levée de Roche-pinard, | 4 juin, 9 h. matin, | 29 — | 1 50 |
| Brèche de Savonnières, | 2 — 9 h. soir, | 180 — | 5 |
| Brèche du Bec-du-Cher (rive droite), | 2 — 11 h. soir, | 30 — | 2 50 |
| Brèche du Bec-du-Cher (rive gauche), | 3 — 9 h. 1/2 s. | 320 — | 6 |

Ces sept ruptures présentent une largeur totale de mille quatre mètres, sur une hauteur moyenne de trois mètres quatre-vingt-onze cent.

Les ruptures causées par la Loire sur ses digues et levées sont au nombre de seize.

| | | Longueur. | Hauteur. |
|---|---|---|---|
| Brèche de Chargé (rive gau-che), | 3 juin, minuit 1/2, | 83 — | 2 50 |
| Brèche du Breuil, *Id.* | 3 — 1 h. matin, | 77 — | 2 50 |
| Brèche d'Amboise (r. droite), | 3 — midi, | 310 — | 7 50 |
| Brèche de Vouvray, *Id.* (1), | 3 — 5 h. soir, | 2,500 — | 1 58 |
| Brèche de Rondésir (rive gau-che), | 3 — 11 h. matin, | 120 — | 4 20 |
| Brèche du Cormenil, *Id.* (2) | 3 — 11 h. soir, | 470 — | 7 |
| Brèche de la Foncurie, *Id.* | 4 — 3 h. matin, | 50 — | 6 25 |
| Brèche du Bec-du-Cher, *Id.* | 2 — 11 h. soir, | 440 — | 2 90 |
| Brèche des Varennes (rive droite), | 3 — midi 1/4, | 85 — | 6 35 |
| Brèche de Langeais, *Id.* | 3 — 4 h. soir, | 200 — | 2 10 |

(1) Brèches causées par la rentrée des eaux dans le lit de la Loire.

(2) C'est par cette brèche que les eaux ont fait irruption dans la ville de Tours.

| | | | | Longueur. | Hauteur. |
|---|---|---|---|---|---|
| Brèche de Bréhémont (rive gauche), | | 3 — | midi 1/4, | 160 — | 6 75 |
| Brèche de Milly, | *Id.* | 3 — | midi, | 25 — | 3 85 |
| Brèche du Bourg-Joly, | *Id.* | 3 — | midi, | 80 — | 4 50 |
| Brèche de la Queue-de-l'Ile, | *Id.* | 16 mai, 6 h. matin, | | 210 — | 7 25 |
| Brèches de la levée du Bois-Chétif (1), | *Id.* | 4 j., min. à 3 h. | | 1,000 — | 6 50 |
| Brèche de la Chapelle (rive droite), | | 4 — | 3 h. 1/2 m. | 180 — | 10 50 |

Toutes ces ruptures offrent l'effrayant développement de cinq mille neuf cent quatre-vingt-dix mètres, sur une profondeur moyenne de cinq mètres seize cent. L'imagination est confondue quand on suppose que ces cataractes représentent une chute d'eau de près de six mille mètres d'ouverture, et de plus de cinq mètres de hauteur.

## OBSERVATIONS.

Le cataclysme de 1856 a été étudié dans ses causes par une foule d'hommes considérables dans la science hydrographique, et, ce qui ne vaut pas moins souvent, par ceux qu'une longue expérience, de patientes observations appelaient à l'examen de ce redoutable

---

(1) Il y a eu là huit brèches distinctes, causées par la rentrée des eaux dans la Loire.

phénomène. Tous, en l'expliquant, se sont proposé, abstraction faite des causes météorologiques, de trouver des moyens efficaces pour en prévenir le retour. Nous ne sommes point compétents pour discuter ce grand problème, et nous ne cèderons point au besoin vaniteux de produire un système personnel ; mais nous nous contenterons de recueillir les suffrages et de constater les jugements qui nous paraissent appuyés à la fois sur les raisonnements de la science, sur l'opinion générale et l'expérience des masses.

Si l'opinion a ses préjugés, la science a les siens. La première ne voit, trop souvent, que les faits, sans se préoccuper de cette importante considération qu'ils ont pu se produire dans des circonstances sans identité ; mais la science incline volontiers à sacrifier l'expérience au système ; et, comme elle étudie les questions de haut, elle dédaigne fréquemment de tenir compte d'une infinité de causes secondaires qui tombent difficilement sous le calcul ou qui le gênent. Pour être vrais et pour entrer dans des œuvres durables que bénisse l'avenir, nous devons toujours faire appel à la science (le mot progrès n'a point un autre sens); mais il faut nous garder de rejeter l'expérience du passé qui, lui aussi, fut la science, lorsqu'il était le présent.

Autrefois la science avait reconnu que la nature prévoyante s'était chargée elle-même de rendre les inondations moins soudaines, moins rapides, et, par cela même, moins désastreuses, en obstruant, avec un art admirable, les rampes et les bassins supérieurs du fleuve. Là, elle avait entassé à plaisir des rochers gigantesques, des barrages cyclopéens.

Qu'en a-t-on fait, demande le passé à la science moderne?

La nature, qui sait tant de choses, avait, dès l'origine des siècles, semé d'une main inépuisable, sur les pics, dans les ravins, au penchant des abîmes, aux déclivités, aux flancs abruptes des montagnes, toutes les essences d'arbres, toutes les familles de plantes qui appartiennent à notre zône.

Qu'en a-t-on fait, demande encore le passé? Est-il bien vrai que nos pères ne les aient respectées que parce qu'ils n'en avaient que faire, comme dit la science moderne?

Nous avons élevé ces digues magnifiques qui font votre admiration et qui vous apprennent ce qu'étaient ces aïeux un peu trop dédaignés, quand il s'agissait d'une œuvre grande, nationale, fraternelle. Nous savions que le lit des fleuves s'exhausse de siècle en siècle, celui de la Loire surtout, qui a le triste privilège d'entraîner périodiquement vers la mer des bancs de sable énormes, dont la plupart s'attérissent, se fixent et forment des barrages qui élèvent ses eaux et en suspendent le cours. Nous savions que dans les siècles qui nous suivraient, la Loire roulerait ses flots au-dessus du niveau des vallées qui jadis lui avaient servi de lit, et qu'elle surélèverait d'autant ses crues formidables.

Qu'avez-vous fait?

Nous, au moins, vous le savez, nous exigions que le curage de tous les cours d'eau navigables se fit régulièrement chaque année. Consultez d'ailleurs Vauban, Colbert, les parlements.

Le faites-vous?

Ce que vous avez fait, le voici.

Vous avez miné, pulvérisé les barrières puissantes que la main de la nature avait posées aux plans inclinés du lit supérieur et aux rapides des sources du fleuve, et la science s'est applaudie d'avoir vaincu la nature.

Vous avez abattu ces forêts vieilles, comme le monde, l'orgueil de nos montagnes; vous avez promené la charrue sur leurs croupes dénudées, et la science agricole a distribué là, en souriant, des prix de concours à nos paysans en habits de fêtes.

Vous avez abandonné les sages prescriptions de Vauban, de Colbert et des parlements; mais, en retour, vous avez entravé le cours du fleuve par des digues de tout genre, obliques, transversales, ou en

éventail, pour augmenter, disiez-vous, la rapidité de
ses eaux endormies sur les bancs de sable pendant
les étés, mais sans tenir compte qu'elles en interrom-
pent et en ralentissent l'écoulement lorsqu'elles se
précipitent à plein lit. Chacun a produit son système,
a fait ses essais, a prouvé qu'il était capable d'écrire
un mémoire digne d'une mention à l'Institut, et l'on
s'est émerveillé des progrès de la science.

Nous ne voulons point parler de tous ces ponts
admirables, que vous faites bien mieux que nous,
sans contredit, dont les culées et les piles gigantesques ont dompté le vieux fleuve. Mais nous dirons que
ces grandes masses en arrêtent si sensiblement le
cours que, dans cette dernière crue les échelles en
amont et en aval des ponts accusaient des différences
énormes de niveau. Ces ponts sont l'œuvre du progrès, de la civilisation, qui en doute? Nous nous
garderons bien de mettre ces immenses travaux sur
le compte de vos erreurs; nous nous contenterons de
les porter au chapitre des imprévoyances, car vous
n'avez pas assez fait pour en balancer les dangers.

Vous avez planté dans le lit du fleuve, vous avez créé
artificiellement un grand nombre d'îles nouvelles;
vous avez étouffé la Loire dans une ceinture de digues,
qu'elle brise périodiquement pour respirer plus à
l'aise; vous avez supprimé des bras secondaires, dé-
versoirs naturels qu'elle s'était donné la peine d'ouvrir et de creuser elle-même. La science a enlevé ainsi

quelques hectares au fleuve rétréci pour étendre la culture, élargir nos quais, pratiquer de nouvelles voies. C'était bien. Mais le calcul en avait-il bien mesuré les conséquences inévitables ?

Nul, plus que nous, n'applaudit à la puissance illimitée de la science, et ne croit, avec plus de conviction, à ses progrès indéfinis ; mais nous supplions les hommes spéciaux de nous pardonner un mot bien hardi sous la plume d'observateurs aussi incompétents que nous : il est temps que le mathématicien consente à reconnaître ce qui est et à renoncer parfois à ses calculs à priori.

L'Etat s'est préoccupé avec trop de sollicitude, de cette grande question, pour qu'il n'en résulte pas des études nouvelles, un ordre de travaux qui répondent à la fois aux expériences du passé et aux données actuelles de la science. Qu'on ne s'y méprenne point : quelque insolites qu'aient été les circonstances atmosphériques de mai 1856, nous vivrons sous la terreur perpétuelle du retour du fléau, jusqu'à l'exécution d'un plan intégral et coordonné dans tout son ensemble.

Que la France consacre à la défense de ses riches vallées la moitié des millions que viennent d'engloutir les débordements de leurs fleuves, et une partie importante de ses ressources agricoles et de la fortune publique sera à jamais assurée. Pour ce qui concerne particulièrement la vallée de la Loire, on aurait, en

France, une bien fausse idée, assurément, de la perte que vient d'essuyer solidairement le pays, si l'on en calculait l'étendue seulement d'après l'importance géographique de nos cantons riverains. Isolément, ce n'est qu'un point sur la carte du territoire, et son exiguïté comparative ne pourrait, au premier coup-d'œil, en faire apprécier les richesses incalculables. Sur ce sol privilégié, l'hectare offre annuellement un produit représenté par le chiffre de 500 à 1,000 fr., et cela, sans aucune interruption de culture, sans sommeil de cette terre toujours féconde. On peut donc, sans exagération, estimer la perte du pays, dans la dernière inondation de la Loire, à 50,000,000 de francs, pour nos vallées.

## COUP-D'ŒIL SUR LA VALLÉE.

### OBSERVATIONS PHYSIOLOGIQUES.

La vallée de la Loire se compose, dans la presque totalité de sa superficie, de terres d'alluvions. A une grande profondeur, on ne rencontre que des couches végétales, et ces attérissements atteignent, sur quelques points, une largeur de sept à huit mille mètres : le sol qu'ils ont formé est d'une prodigieuse fécondité.

À quelle époque remonte la formation de ces couches sédimentaires? Aux temps diluviens sans doute, car, depuis des siècles, la Loire ne charrie que des sables, et notre belle vallée ne présenterait que des grèves arides et désertes, sans les travaux de nos pères qui en ont maîtrisé les débordements.

On doit à Henri II, roi d'Angleterre, la construction de nos levées, qui ne furent d'abord que des turcies irrégulières, et dont l'achèvement, dans leur ensemble, ne paraît avoir eu lieu qu'au XIVᵉ siècle. On sait que plusieurs parties de la levée de la Loire portent le nom de la fameuse reine Brunehaut, ce qui prouve que cette grande pensée remonte au moins à l'époque mérovingienne. La dynastie carlovingienne continua la construction des digues, comme on le voit par l'édit de Louis-le-Débonnaire, *De aggeribus juxta Ligerim faciendis*.....

À l'abri de ces travaux de défense, une population active a fait de cette vallée conquise sur le fleuve une des plus fertiles contrées du monde. La culture y est étonnamment variée, la végétation luxuriante y offre partout ces teintes saines et vigoureuses qui témoignent de la puissance du sol. Les arbres à fruits y sont multipliés dans toutes leurs variétés, et la Pomone de l'Anjou et de la Touraine, une des plus complètes de notre zône, s'y trouve presque partout réunie. La vigne, sur les pentes méridionales, y produit d'excellents vins ; si, dans les basses vallées, ses produits sont de qualité inférieure, sa fécondité est vraiment merveilleuse. La vigne s'y marie à plusieurs espèces d'arbres, comme en Italie, mais surtout au prunier. Le froment et toutes les céréales, les légumineuses, les plantes à bulbes et à tubercules, la réglisse, l'anis, la coriandre, etc., toutes les fourragères se partagent la culture de cette terre promise. Chaque année, elle livre au commerce plus de douze millions de kilogrammes de chanvre et au-delà de quinze cent mille kilogrammes de fruits secs. Le sol y est morcelé à l'infini; mais là, le morcellement ne présente aucun de ses inconvénients inévitables ailleurs, l'agriculture n'étant guère, dans toute la vallée, que l'horticulture en grand. Les prairies et les marais malsains de l'Authion font peu d'honneur à ce beau pays, malgré les travaux de canalisation et d'assainissement qu'on y a exécutés jusqu'ici. Il y a encore là de véritables trésors à conquérir. Tel est l'aspect général de la vallée de la Loire jusqu'aux portes d'Angers.

Le cultivateur y est laborieux et actif, la charrue y étant, presque partout, remplacée par la pelle et la bêche. Ce mode de culture y est pénible, il est vrai, mais les résultats en sont infiniment supérieurs à tout autre.

Le paysan s'y nourrit assez mal, bien qu'on ait pu constater, depuis quelques années, une véritable amélioration dans le système général de l'alimentation. L'hygiène lui est encore à peu près inconnue, et, sous ce rapport, notre population agricole est restée de beaucoup au-dessous de celles de certains pays voisins. Nous espérons que les hideuses chaumières en pisé, détruites par centaines, dans l'inondation de 1856, seront remplacées par des habitations saines et aérées.

Si le paysan de nos vallées est intelligent, il est malheureusement peu instruit, et fait peu de cas de l'éducation. Sa circonspection excessive dégénère presque toujours en ruse et en défiance. Enrichis par un travail incessant, maîtres d'une grande partie du sol, nos cultivateurs jouent à la propriété avec une passion qui absorbe toute autre jouissance de la vie : un lot de terre est la bourse, où ils apportent, avec les plus habiles combinaisons, toute la tenacité de leur caractère et la force d'une longue habitude de privations. Déshérités, pendant tant de siècles, de leur part du territoire que fécondaient leurs sueurs, ils semblent avoir juré de la conquérir, et ils doivent y parvenir un jour. Leur progrès moral s'accomplira-t-il alors? Nous l'espérons. Aujourd'hui, il est complètement arrêté par la fièvre de la conquête et la préoccupation du travail.

Intrépides et souvent héroïques en présence de l'inondation menaçante, ils se montrèrent admirables, on le sait, dans la défense obstinée de leurs propriétés et de leurs richesses; mais, le lendemain du désastre, il fut difficile de reconnaître les héros de la veille : un abattement morne et désespéré succéda chez un grand nombre à cette ardeur de la lutte. Phénomène étrange, et qui toutefois avait sa raison d'être! Des populations entières avaient peine à croire à l'hospitalité généreuse et désintéressée. Le sens moral leur manquait. Dans les grandes calamités, les orgueils se brisent, les fronts s'inclinent devant la puissance souveraine qui place l'homme en face de sa faiblesse : la foi alors le relève jusqu'à Dieu. Pour nous, parmi des milliers d'hommes, victimes de la plus affreuse catastrophe, nous avons en vain cherché le sentiment religieux. Il n'existe plus. Pourquoi ?

Nous avons parlé de certains accidents physiologiques produits par l'affaissement physique et moral ; mais nous allons consigner ici deux phénomènes inverses véritablement extraordinaires. Un vieillard, nommé Piau, était tombé dans un tel état de décrépitude, qu'il ne marchait plus depuis longtemps. A l'approche de l'inondation, surexcité par l'épouvante, il retrouva subitement ses forces et se sauva à grands pas vers Saumur. Au même moment, la peur opérait une cure plus merveilleuse encore, un phénomène prodigieux. La femme Chalopin, âgée de 53 ans, était paralysée depuis trois ans et ne sortait plus de son lit. Soudain, sans aide, elle se lève, marche avec facilité, se rend au bourg de Villebernier, et de là à Saumur. Elle continue de jouir d'une santé parfaite.

Sur les animaux la peur produisit des effets qu'il n'est peut-être pas inutile de mentionner.

A l'approche d'une convulsion du sol, d'une éruption volcanique, ils éprouvent une inquiétude anormale et des mouvements insolites qu'on a souvent décrits. Avant l'inondation de la vallée, et plusieurs heures avant la rupture de la levée de la Chapelle, des myriades d'animaux de toute espèce, qui appartiennent à la surface du terrain ou au sous-sol, s'étaient mis en marche vers tous les points culminants (1). Tandis que nos animaux domestiques s'abandonnaient avec une docilité désespérée aux opérations les plus difficiles du sauvetage, les couleuvres s'accrochaient aux saillies des bordages des embarcations et ne paraissaient plus redouter l'homme. Plusieurs maisons furent envahies par un si grand nombre de reptiles, que les habitants furent obligés de les déserter. Les oiseaux mêmes émigrèrent vers les hautes terres, au nord et au midi de la Loire, et l'automne seulement en a vu reparaître un petit nombre.

(1) Ce phénomène a été observé particulièrement à la gare de Varennes.

# COMMISSION HYGIÉNIQUE.

## ASSAINISSEMENT DE LA VALLÉE.

Après l'irruption de la Loire au milieu de nos campagnes, où déjà les moissons et toutes les récoltes étalaient leur puissante végétation ; lorsque le sol reparut avec la fange infecte qui le recouvrait, les eaux, le sol et l'air étaient viciés à la fois. L'eau fétide semblait empoisonnée par les détritus qu'elle tenait en suspension, et il fallut faire venir souvent de très-loin de l'eau potable pour les malheureux inondés. La terre était couverte de débris de végétaux en fermentation ; des miasmes putrides s'élevèrent dans l'atmosphère saturée de principes délétères, et firent craindre, avec raison, de terribles épizooties et des endémies contagieuses. Un comité de salubrité fut immédiatement constitué, et une commission composée de MM. Bineau, Bouchard et Deperrières, docteurs-médecins, et de M. Raimbault, médecin-vétérinaire, parcourut toute la vallée de Saumur. Les administrations rurales reçurent l'ordre de prescrire toutes les mesures hygiéniques qui devaient prévenir l'invasion de ces deux

7.

fléaux. On enterra avec soin tous les sédiments du fleuve, tous les débris des plantes; et les habitations furent assainies. Les terres, après avoir reçu un labour, furent ensemencées en grande partie.

Les plantes tuberculeuses n'avaient point été complètement asphixiées par la submersion, mais les bulbeuses avaient perdu plusieurs espèces. Nos cultivateurs croient que les froments fauchés aussitôt après l'inondation eussent donné deux tiers de récolte, si la sècheresse n'eût pas détruit la seconde végétation. Plusieurs mois après le débordement, nous avons remarqué que, dans les vastes plaines de l'Authion, les plantes graminées avaient été, presque universellement, asphixiées : on n'y voyait plus, à de rares intervalles, que les herbes grossières qui croissent dans les marécages. La Flore, si riche de la vallée, avait perdu un nombre immense de ses familles. Elles lui seront rendues peu à peu par les crues périodiques des hivers. Les graminées ont commencé à reparaître avec l'automne. Parmi les grands végétaux, ceux qui sont sujets à une transsudation abondante, les pruniers et les cerisiers, par exemple, ont particulièrement souffert. Beaucoup ont péri.

Cependant, une végétation nouvelle, presque instantanée, dans les terres ensemencées, couvrit rapidement le sol, et l'œil étonné, ravi d'admiration, ne pouvait plus reconnaître ce sol qu'il avait vu si affreusement désolé quelques jours auparavant. Il est vrai que la sècheresse continue, qui succéda malheureusement à l'inondation, étiola presque partout cette belle végétation ; mais un résultat immense avait été acquis : l'assainissement du sol de nos vallées. Le pays doit une véritable reconnaissance à la commission d'hygiène, dont la prévoyance éclairée prévint les mortalités qui, suivant toutes les apparences, menaçaient de décimer les populations de nos vallées. S'il y eut quelque augmentation dans le chiffre de la mortalité, pendant les trois premiers mois, il ne tarda point à retomber à sa normale, qu'il n'a point dépassée depuis.

## SECOURS ET INDEMNITÈS.

Dès le lendemain du débordement, les forêts de l'Etat furent ouvertes aux inondés. Chaque paysan, avec un certificat constatant qu'il appartenait à une commune submergée, put y enlever, sans contrôle, fourrages et bruyères. Au mois d'octobre, l'autorisation était encore maintenue, et les paysans, venus de loin, campaient dans la forêt de Chinon. Toutes les fermes de la rive gauche, depuis le Bec-du-Cher jusqu'à l'embouchure de la Vienne, se munirent ainsi abondamment de tout ce qui leur manquait pour la nourriture et la litière de leurs bestiaux. M. de Martel, garde-

général des eaux-et-forêts, qui avait volé au secours
des inondés de la rive gauche, dirigea avec sollicitude
l'exploitation des fourrages de la forêt par les paysans.
Nous avons dit que l'exemple donné par l'État fut
suivi par tous les propriétaires riverains.

Nous avons vu avec bonheur combien les désastres
de nos vallées ont excité de sympathies dans toute la
France ; elles se sont étendues même au-delà des barrières nationales : la généreuse pitié, l'intérêt solidaire
des peuples commence à oublier les étroites nationa-
lités. Il est vrai que l'effort de la philanthropie et de la
charité privée, si puissant qu'il ait été, est resté in-
suffisant pour réparer la majeure partie de nos malheurs : mais il faut reconnaître aussi qu'à aucune
époque ces généreux sentiments n'ont fait dans le
monde une explosion plus spontanée, plus univer-
selle. Il y a bien loin de là, sans doute, à une institu-
tion qui garantirait complètement tous les intérêts,
mais il n'en faut pas moins admettre le progrès du
principe chrétien. On a vu des communes inondées,
des villes désolées par le fléau, s'imposer les plus nobles sacrifices, et les citoyens, par des souscriptions
volontaires, venir au secours de leurs compagnons
d'infortune.

Le chef de l'Etat n'a été devancé par personne, et
son aide-de-camp, le général de Béville, a laissé dans
toutes nos communes inondées des témoignages de
sa sollicitude et de sa commisération.

Suivant les instructions du Ministre de l'agriculture, du commerce et des travaux publics et le vœu de la commission centrale de secours, les indemnités ont été calculées sur des bases qui, par suite de réductions proportionnelles à la nature de la perte et à la catégorie des perdants, ont nivelé, autant que possible, la position des victimes à secourir. Ainsi, les pertes résultant de la destruction absolue des propriétés bâties, de l'enlèvement ou de la corrosion complète des terrains, ont été réduites d'un dixième; celles portant sur le mobilier, de deux dixièmes; et celles qui ont atteint les récoltes ou qui résultent de simples détériorations de terrains ou de propriétés bâties, ont été abaissées de cinq dixièmes. Enfin, les pertes affectant les victimes classées dans la deuxième catégorie, ont subi une dernière réduction de moitié.

Au moyen de cette combinaison, la répartition a pu être faite, pour la première et la deuxième catégorie, au centime le franc du montant de la perte ainsi réduite (26 0/0).

Quant aux perdants de la troisième et de la quatrième catégorie, pour qui les pertes ont été insensibles, c'est-à-dire les aisés et les riches, le Ministre, d'accord avec la commission centrale, a décidé qu'ils seraient exclus de la participation aux secours.

Avons-nous rempli la tâche que nous nous sommes imposée ?

Le lecteur bienveillant, qui sait combien il est difficile d'écrire l'histoire vivante, dont chacun connaît les acteurs avec leurs intérêts, leurs passions et leurs masques, et de dire à ses contemporains : Celui-ci fut un grand citoyen, celui-là un héros de la charité et du dévoûment; combien il est plus difficile encore de dire : Voyez-vous cet homme? il a manqué de cœur ou d'intelligence ; cet autre a sacrifié cent familles à son intérêt privé ou à la peur ; le lecteur bienveillant, disons-nous, trouvera peut-être que cet humble travail, tel qu'il est, doit produire quelque résultat utile, parce qu'il a été conçu et entrepris dans un sentiment qu'il approuvera, celui de réveiller les nobles instincts dans notre société égoïste et jalouse.

Si des lecteurs plus exigeants et plus sévères s'étonnent d'y trouver des lacunes ou des réticences, nous les supplions de croire que l'avenir, qui met chaque chose à sa place et qui redresse toute chose, même l'histoire, saura bien compléter la tâche imparfaite

des contemporains. Les documents existent, et d'ailleurs, à défaut des documents officiels, il reste toujours l'opinion ; et l'opinion est, en définitive, le tri-
bunal suprême qui absout ou condamne.

Nous terminerons par un extrait du rapport de la
gendarmerie de Saumur. Cette pièce suffira pour faire
apprécier au pays les services que le corps de la
gendarmerie a rendus dans les terribles journées de
nos désastres, et fera regretter, nous le croyons, la
sobriété des documents que notre plan nous impose.

### RAPPORT DU 10 JUIN 1856.

« Le 2 du courant (juin), la Loire montant avec une
rapidité effrayante, je demandai à la hâte, dans l'im-
minence du péril, quelques auxiliaires aux brigades
voisines (Doué et Fontevrault). Ils arrivèrent le même
jour. La maison centrale de Fontevrault envoyait
aussi, à la même date, 340 jeunes détenus pour tra-
vailler aux levées et principalement à celle de Nantilly, qui menaçait d'être emportée. Ils furent placés
sous l'habile direction de M. Gallard, agent-voyer.

» La ville était dans l'anxiété ; l'Ecole de cavalerie
partait dans toutes les directions.

» Le 3, au matin, l'eau commençait à déborder par-
dessus la levée d'Enceinte et, en quelques minutes,
le fleuve envahissait le quai Saint-Nicolas et se répan-

dait dans la ville de manière à intercepter les communications du midi au nord.

» Dans la journée, cependant, l'espérance était revenue, et l'on pensait que les levées résisteraient, grâce à la bonne direction donnée aux travailleurs qui se multipliaient sur toute la ligne. Malheureusement, il n'en devait pas être ainsi. Le soir, les craintes devinrent plus vives : on apprenait que, malgré le courage des travailleurs de la Chapelle-Blanche, une rupture était imminente sur ce point. Cette nouvelle fut portée immédiatement dans les campagnes, afin qu'on préparât les moyens de sauvetage. Mais on ne trouva que des incrédules : ils prétendaient qu'on ne répandait cette nouvelle que pour éloigner les travailleurs des levées et obtenir une rupture qui sauvât la ville.

» La nuit du 3 fut employée par nous à surveiller les chaussées de Nantilly et du Chapeau, qui furent heureusement conservées. Notre service était parfaitement organisé, et les ordonnances se succédaient sans interruption.

» Enfin, le 4, on apprenait à Saumur que la levée était rompue à la Chapelle-Blanche et que l'eau se précipitait dans la vallée par une brèche qui atteignit bientôt l'effrayante étendue de près de deux cents mètres. Un gendarme fut envoyé à Villebernier et à Varennes, pour en donner avis aux habitants. Ils restèrent sourds à toute nouvelle venant de Saumur. Cet aveuglement fut fatal à un grand nombre. Lorsque, à la vue de l'inondation, qui courait comme une marée furieuse, ils songèrent au sauvetage, il était trop tard. Le brigadier Lallouel, de Fontevrault, traversa dans ce moment la Loire, à la tête de sa brigade, et rendit les plus généreux services dans les sauvetages de ces mêmes communes.

» Pendant toute cette journée du 4, peu de personnes avaient paru calculer les dangers de la position, et comprendre les conséquences de l'envahissement de la vallée de l'Authion par la Loire ; mais nous nous gardions bien de partager cette funeste sécurité.

» La nuit était venue, nous étions tous à nos postes. J'avais placé des hommes dans la ville et sur les points les plus menacés des chaussées. La Croix-Verte, Saint-Martin, Saint-Clément, étaient surveillés.

» Vers 11 heures 1/2, deux de mes hommes, placés à la Croix-Verte, m'apprirent que l'eau débordait à la Ronde et s'avançait rapidement dans la vallée. Je montai à cheval à la hâte avec trois gendarmes disponibles. L'autorité fut prévenue. Un de nos hommes fut chargé de porter l'alarme jusqu'aux Rosiers ; un autre fut envoyé à Villebernier et à Varennes. Je me dirigeai moi-même sur le village de la Ronde ; l'eau gagnait déjà une étendue de trois kilomètres de large. L'éveil fut donné aux habitants, et j'envoyai un second avis aux autorités, afin d'accélérer les mesures de sauvetage.

» Je poussai alors du côté de Saint-Lambert et de Saint-Martin, où l'eau était à peine arrivée. Il était deux heures après minuit. Avant mon arrivée, le gendarme Clavet, qui avait pris connaissance de la situation, était parti, pour donner l'alarme, vers le Gué-du-Frêne, un des points les plus bas de la vallée. Cette heureuse initiative les sauva : quelques instants plus tard, le flot renversait les habitations ou les submergeait complètement.

» Le tocsin sonnait sur toute la ligne. Les brigades de Gennes et des Rosiers rendaient les mêmes services de leur côté.

» Au viaduc de Boumois, nous faillîmes être coupés par le débordement ; nous regagnâmes la chaussée en traversant un mètre d'eau ; vingt minutes après, elle avait atteint le double de cette hauteur. En ce moment, on nous apprit qu'une pauvre femme, restée dans son grenier, courait les plus grands dangers. Nous repartîmes aussitôt ; mais, arrivés à une petite distance, nous sentions nos chevaux soulevés par l'eau déjà profonde, et M. Joly, architecte de Saumur, nous cria que devant nous la profondeur était de deux mètres au moins. Nous retournâmes forcément en arrière et nous parcourûmes plus d'un kilomètre à la nage.

» Quelques instants plus tard, une barque sauvait cette pauvre femme.

» A 7 heures du matin, M. le Sous-Préfet me chargea de diriger le sauvetage de Saint-Lambert, avec deux gendarmes sous mes ordres. Un gendarme fut attaché, comme ordonnance, à M. le Sous-Préfet ; un autre fut mis à la disposition de M. le lieutenant-colonel Michaux. Deux gendarmes de réserve faisaient communiquer tous les services entr'eux. La direction du sauvetage, parfaitement organisée obtint d'immenses résultats, au-delà de toute espérance.

» Je dois signaler la belle conduite du brigadier Gerin, des gendarmes Robert et Andrieux, chargés de la direction des barques dans la commune de Vivy, et, plus tard, dans celle de Saint-Lambert. Ils ont sauvé un grand nombre d'habitants.

» Dans les communes de Brain et d'Allonnes, les gendarmes Ourse et Larnac se sont particulièrement distingués ; un grand nombre de familles ont dû la vie à leur dévoûment. Je dois à ces noms joindre celui du gendarme Bigot.

» Les brigades de Gennes et des Rosiers, réunies sous le commandement du maréchal-des-logis Desliens, ont rendu d'importants services ; elles ont arraché à la mort une foule de malheureuses victimes ; le gendarme Thouret a été admirable.

» *Le Maréchal-des-Logis chef,*

» CORNIÈRE. »

Saumur, imp. de P. GODET.—(212-7)

# ERRATUM.

Page 7, dernier alinéa, *au lieu de* : MM. Dusoullier, et plus bas, M. Dusoullier fils, *lisez* : MM. du Soulier..... M. du Soulier fils.

# TABLE DES MATIÈRES.

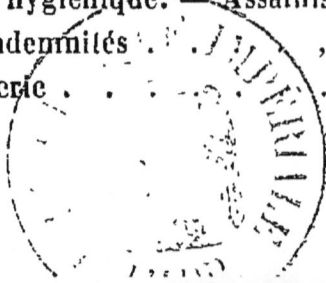

www.ingramcontent.com/pod-product-compliance
Lightning Source LLC
Chambersburg PA
CBHW052116090426
42741CB00009B/1830